엄마, 융합논술

어떻게 써요?

김은서 지음

채운어린이

머리말

안녕! 논술의 세계에 들어온 것을 환영해. '논술' 하면 중고등학교, 특히 수능을 치를 수험생들이나 하는 공부쯤으로 생각할 거야. 또는 글짓기 같은 글을 논술이라고 잘못 알고 있는 친구들도 있을 테고.

논술이란 '어떤 문제에 대해 자신의 의견을 논리적으로 서술하는 것'을 말해. 그러니까 일기나 독서록하고는 많이 달라. 논술에는 분명한 자신의 주장이 들어가야 해. 그것도 아주 논리적으로 말이야. 논리적이라는 말이 또 어려울 수 있겠다. 논리적이라는 말은 쉽게 말해서 상대방에게 내 의견을 주장할 때 빈틈이 없어야 한다는 말이야. 그래서 상대방이 내 주장을 받아들이도록 설득하는 글이 논술이야.

'자기 주장' '논리적'이라는 말에 논술은 어려운 것이라고 생각한다면 오해야. 내 생각을 쓰는 것이기 때문에 오히려 쉬울 수도 있어. 다만 논리적으로 자신의 주장을 펼 때 약간의 기술만 있으면 돼.

지금부터 민준이와 소현이 그리고 정우랑 같이 그 기술에 대해 알아볼 거야. 이 친구들도 아직 제대로 된 논술을 써 보지 못했어. 처음부터 시작하는 거니까 차근차근 따라오면 될 거야. 만약 한두 번 논술을 써 본 친구라면 이 세 친구가 어떤 오류를 범하고 있는지, 또는 내가 놓치고 있는 논술의 기술은 무엇인지 확인할 수 있을 거야.

특히나 요즘 논술은 국어에만 한정되지 않아. 때로는 사회나 과학 등과도 연관되는 경우가 많아. 왜냐하면 내 주장을 논리적으로 펼치려면 여러 가지 배경 지식이 많아야 하기 때문이야. 여러 분야에 걸친 배경 지식이 많으면 보다 논리적으로 상대방을 이해시킬 수 있단다.

아마 논술을 공부하다 보면 역사도 궁금해지고 사회도 궁금해지고, 심지어 정치, 경제에까지 호기심이 생길 거야. 그 모든 지식을 끌어들일 수 있는 논술을 친구들과 같이 시작해 보자!

지은이 김은서

차례

프롤로그 • 10

제1화 생일 파티는 무조건 화려해야 한다고? • 14
초등학생의 화려한 생일 파티에 대한 자신의 의견을 쓰시오.
엄마의 논술 교실 ❶ : 구어체 문장은 피하자

제2화 육개장이든, 육계장이든 개고기는 No! • 22
보신탕 문화에 대한 자신의 의견을 쓰시오.
엄마의 논술 교실 ❷ : 개요 짜기

제3화 꽃보다 크로켓 • 30
〈허생전〉에 나타난 경제적인 주제에 대해 쓰시오.
엄마의 논술 교실 ❸ : 주제문을 정하자

제4화 호박에 줄 그으면 취직이 된다고? • 38
성형수술에 대한 자신의 의견을 쓰시오.
엄마의 논술 교실 ❹ : 서론 쓰는 방법

제5화 돈이냐 분위기냐, 그것이 문제로다 • 46
학교 인근 숙박 시설 건립에 대한 의견을 쓰시오.
엄마의 논술 교실 ❺ : 문제 제기하는 방법

제6화 네가 나냐, 내가 너냐? • 54
복제 인간에 대한 자신의 의견을 쓰시오.
엄마의 논술 교실 ❻ : 본론 쓰는 방법

제7화 9시 등교의 트래픽잼 • 62
아침 9시 등교에 대한 자신의 의견을 쓰시오.
엄마의 논술 교실 ❼ : 결론 쓰는 방법

제8화 원자력 발전소 • 70
원자력 발전소 건립에 대한 자신의 의견을 쓰시오.
엄마의 논술 교실 ❽ : 사실과 의견 구분해서 쓰기

제9화 **51구역의 비밀** • 78
외계인의 존재 여부에 대한 생각을 근거를 들어 쓰시오.
엄마의 논술 교실 ❾ : 근거에 대해

제10화 **모든 것이 여자 탓?** • 86
현대 사회에서의 유교 사상의 의미에 대해 쓰시오.
엄마의 논술 교실 ❿ : 오류의 파악

제11화 **비만이 친구들 때문이라고?** • 94
소아 비만이 심각한 이유를 설명하고 줄일 수 있는 방법에 대해 쓰시오.
엄마의 논술 교실 ⓫ : 분석과 유추

제12화 **사실이냐 재미냐, 다큐멘터리냐 드라마냐** • 102
사극의 역사 왜곡에 대한 자신의 의견을 쓰시오.
엄마의 논술 교실 ⓬ : 두괄식과 미괄식

제13화 **어떤 게 진짜 효도일까** • 110
심청이는 효녀일까, 아닐까 자신의 생각을 쓰시오.
엄마의 논술 교실 ⓭ : 주장이 흔들리면 안 된다

제14화 **버틸 것인가, 열 것인가** • 118
쌀시장 개방에 대해 상대방의 의견에 반론하여 쓰시오.
엄마의 논술 교실 ⓮ : 반론하기

제15화 **딸기에 물고기 사료를?** • 126
유전자 변형 식품에 대한 자신의 생각을 쓰시오.
엄마의 논술 교실 ⓯ : 일관성 있는 문단 쓰기

프롤로그

"이거야!"

소현이가 학교 게시판에 붙어 있는 포스터를 보고 두 주먹을 불끈 쥐었다.

"왜, 어디서 격투기 대회 한대?"

"그러면 소현이가 당연 우승이지."

어느새 민준이와 정우가 소현이 옆에 붙어서 포스터를 보고 있었다.

"이것들이!"

'퍽퍽!' 하고 소현이 주먹이 민준이와 정우의 옆구리를 강타했다.

"으윽! 역시 핵주먹……."

"자, 잠깐. 뭐야, 논술… 대회?"

"응. 난 기자가 꿈이니까 논술 대회 정도는 나가 줘야지. 난 논술의 여

왕이니까, 음하하하!"

소현이가 팔짱을 끼고 고개를 바짝 세우며 크게 웃었다.

"난 쟤가 무서워."

"난 가끔 쟤 정신 상태가 걱정되더라."

민준이와 정우가 속삭였다.

"흥, 너희들이 논술이 뭔지나 알겠냐?"

"칫, 논술 그까짓 게 별거냐? 우리도 나가면 못해도 대상이다."

민준이 말에 정우가 흠칫 놀랐다.

"우리도라니… 나도… 겠지."

"박정우, 사나이가 왜 이래? 잘할 수 있어. 우리도 잘할 수 있다는 걸 보여 주자고!"

민준이는 정우 어깨에 손을 턱 얹고 자신있게 말했다. 그 모습을 보고 소현이가 코웃음을 치며 말했다.

"너희가 논술 대회에 나간다고? 참나, 논술 대회가 무슨 글짓기 대회인 줄 알아? 괜히 창피당하지 말고 가만히 있어."

"뭐, 창피? 얘가 뭘 모르네. 우리 엄마가 작가야, 이거 왜 이래~!"

민준이는 입을 앙다물며 말했다. 소현이는 순간 움찔했지만, 어깨를 한 번 으쓱해 보이고 그대로 교실로 들어갔다.

소현이가 교실에 들어간 것을 확인한 정우가 민준이에게 다급하게 물었다.

"저기, 민준아. 너희 엄마가 작가시면 너도 글 잘 쓰냐?"

순간 민준이가 어깨를 축 늘어뜨리고 말했다.

"사실… 난 논술이 뭔지도 몰라. 한 번도 안 해 봤어."

그러자 정우가 펄쩍 뛰면서 말했다.

"내 그럴 줄 알았다. 소현이 앞에서 큰소리치더니 이제 와서 그게 무슨 소리냐. 어휴~ 저 깍쟁이가 알면 우린 평생 놀림감이라고!"

"괜찮아. 엄마한테 가르쳐 달라고 하면 돼. 이따가 수업 끝나고 우리 집에 가자."

수업이 끝나고 민준이와 정우는 힘없이 학교를 나섰다.

"글씨 쓰는 것도 싫어하는 애가 논술 대회에 나가겠다고 하면 우리 엄마가 웃겠다."

민준이 말에 정우가 대답했다.

"일기도 겨우 쓰는 애가 논술 대회에 나간다면 우리 엄마도 웃을 거야."

'내가 괜히 쓸데없는 소리를 한 건가? 아니야, 그래도 한번 내뱉은 말엔 책임을 져야지.'

민준이는 고개를 가로저었다. 하지만 정우 말대로 자칫 소현이에게 평생 놀림감이 되는 게 아닌가 걱정이 되었다.

"다녀왔습니다."

"응~ 아들! 잘 다녀왔어?"

집에 들어와 보니 엄마가 유독 밝은 얼굴로 맞이했다.

"저기 엄마, 있잖아……."

민준이가 신발을 벗으며 말을 꺼내기가 무섭게 거실에서 누군가가 불쑥 튀어나왔다.

"너희들 왜 이렇게 늦었니? 내가 다 말씀드렸어!"

소현이였다.

"어? 너, 어떻게······."

민준이와 정우가 놀라서 묻자 엄마가 말했다.

"응, 너희 셋 모두 논술 대회에 나가기로 했다며? 어휴, 기특해라."

민준이와 정우는 소현이 옆에 나란히 앉았다.

민준이가 낮은 목소리로 소현이에게 말했다.

"너 뭐야? 논술의 여왕이라며?"

"뭐가~. 너희 엄마 작가시라면서. 너희만 논술 수업 받고 대회에 나가서 나만 떨어지면 어떡해."

소현이도 낮은 목소리로 말했다.

"얘들아, 그러면 언제부터 수업을 할까. 대회까지 얼마 안 남았지? 서둘러야겠네. 엄마가, 이 아줌마가 아주 잘 가르쳐 줄게. 정확하고 혹독하게!"

민준이 엄마가 씨익 웃으며 말했다.

"어쨌든 우린 줄줄이 코가 꿰인 것 같다."

민준이가 억지로 웃음을 지으며 말했다.

생일 파티는 무조건 화려해야 한다고?

"얘들아, 이번 주말 내 생일 파티에 와."

효정이가 교단에 서서 반 아이들에게 말했다.

"전부 다?"

소현이가 묻자 효정이는 당연하다는 듯이 말했다.

"물론이지. 우리 엄마가 반 친구들 다 초대해도 된댔어."

"메뉴는 뭐야? 피자? 분식?"

정우가 입맛을 다시면서 말했다.

"픕! 요즘 누가 그런 데서 생일 파티를 하냐? 유치하게. 다들 학교 앞 패밀리레스토랑 알지? 거기에서 할 거야. 토요일에 12시까지 와."

효정이 말에 반 아이들이 함성을 질렀다.

"우와, 정말? 거기 아주 비싼 데잖아."

"오~ 이번 주말에 영양 보충 좀 하겠는데."

잔뜩 들뜬 아이들과 달리 소현이는 입을 삐죽거렸다.

"무슨 생일 파티를 패밀리레스토랑씩에서 한데, 쳇!"

"그리고 너희들, 마술쇼가 좋아, 버블쇼가 좋아? 우리 엄마가 둘 중 하나 선택해서 쇼도 보여 준대. 뭐, 다 좋으면 두 개 다 하라고 할까? 오호호호."

효정이가 웃으면서 말했다.

"우와, 토요일에 꼭 가야겠다."

"토요일에 학원 보강 있는데, 그냥 효정이 생일 파티에나 가야겠다."

아이들은 잔뜩 들떠서 여기저기에서 시끌시끌 떠들어댔다.

같은 아파트에 사는 민준이와 정우, 소현이는 나란히 걸어서 아파트 정문으로 들어섰다. 민준이와 정우는 학교에서 집으로 오는 내내 효정이의 생일 파티 이야기를 하느라 정신이 없었다.

"효정이네 집은 부잔가 봐. 우리 반 애들이 다 가면 그게 돈이 얼마야? 거기 비싼 데지?"

민준이 말에 정우는 입맛을 다셨다.

"응. 지난 번 아빠 생신 때 가 봤는데 거기 음식 종류가 엄청 많아. 아, 벌써부터 군침이 돈다. 토요일까지 어떻게 기다리지?"

"야, 박정우. 넌 먹는 것밖에 모르니? 하루 종일 '뭐 먹지, 뭐 먹지.' 그게 뭐냐?"

갑자기 소현이가 쏘아댔다. 정우는 움찔하면서 중얼거렸다.

"아, 깜짝이야. 왜 소리는 지르고 난리야?"

정우 말에 소현이가 말을 이었다.

"초등학생이 무슨 패밀리레스토랑에서 생일 파티를 해. 자기만 생일이 있나? 누구는 생일 파티 안 해 봤냐고."

소현이 말에 민준이가 걱정스러운 얼굴로 말했다.

"그러고 보니 너는 지난 달에 떡볶이집에서 했지? 떡볶이집이니까 선물로 공책 정도로도 괜찮았는데, 패밀리레스토랑이면 선물도 좀 비싼 걸 해야겠지?"

민준이 말에 소현이가 버럭 소리를 질렀다.

"떡볶이가 어때서? 맛있다며? 공책 한 권 달랑 들고 와서 떡볶이에 순대까지 비벼먹고 간 사람이 누구니?"

"왜 소리를 질러. 누가 떡볶이가 뭐래? 효정이가 비싼 것을 사 주니까 선물도 거기에 맞게 해야 하는 거 아니냐는 거지. 너 혹시 효정이가 생일 파티를 패밀리레스토랑에서 한다니까 샘나서 그러냐?"

민준이 말에 소현이는 얼굴이 빨개졌다.

"뭐, 뭐라고? 너야말로 효정이가 패밀리레스토랑에서 한다니까 친하지도 않으면서 오늘 엄청 친한 척하더라? 효정이가 부자라서 좋냐? 효정이가 죽으라면 죽는 시늉까지 하겠다?"

"너, 말이면 단 줄 알아?"

민준이는 당장이라도 소현이에게 달려들 기세였다.

"얘들아~ 뭐하니?"

그 때 슈퍼마켓에 다녀오던 민준이 엄마가 아이들을 발견하고 불렀다. 그 바람에 간신히 소현이와 민준이는 입을 다물었지만 분한 듯 씩씩거렸다.

"저… 토요일에 우리 반 아이가 생일 파티를 하는데 그게 좀……."

정우는 자초지종을 이야기했다. 정우 말을 다 들은 민준이 엄마는 고개를 끄덕이면서 말했다.

"그랬구나. 그런데 이렇게 말로 싸우다가는 정말 몸싸움까지 하겠다. 다들 우리 집에 가서 간식 먹으면서 차근차근 해 보자."

"열받아 죽겠는데 뭘 해요?"

민준이가 잔뜩 부은 얼굴로 말했다.

"뭘 하기는, 논술 대비 첫수업을 해야지. 주제도 정해졌고 마침 간식도 사왔으니까. 자, 가자~."

민준이 엄마는 아이들의 등을 떠밀었다.

"저… 이 분위기에서 논술을 하라고요?"

정우 말에 민준이 엄마가 고개를 끄덕였다.

"응. 지금 서로 의견이 팽팽할 때가 논술하기 딱 좋은 때야."

민준이 엄마 말에 민준이가 얼굴을 찡그렸다.

"거 봐, 내가 뭐랬어. 우린 코 꿰인 거라고 했지?"

초등학생의 화려한 생일 파티에 대한 자신의 의견을 쓰시오.

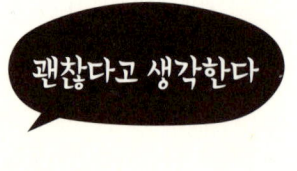

괜찮다고 생각한다

민준의 논술

나는 생일이 **대박** 좋다. 친구들과 신나게 놀고 맛있는 것도 많이 먹을 수 **있어서**. 그렇게 친구들과 어울리다 보면 더 친해진다. **그니까** 1년에 한 번 정도는 평소에 먹던 것 말고 좀 특별한 음식을 맛있게 먹는 게 **뭐 어때?**

하루쯤 주인공이 돼 보는 것도 **나쁘지 않지**. 그 날만큼은 엄마아빠도 내가 무슨 잘못을 하든 다 **오케이!** 그런 날에 시험을 보거나 선생님한테 혼나거나 하면 좀 재수가 없기는 하지만. 그래도 아무런 부담 없이 친구들과 놀 수 있는 날이 그나마 생일이라서 다행이다. 온 세상을 다 가져라!

그런데 그런 것을 보기 싫다는 둥, 과소비라는 둥 그렇게 몰아붙이는 것은 조금 **오버다**. 자기도 와서 재미있게 놀 거면서 뒤에서 **뒷담화까는 것은 보기 싫다**. 생일 파티를 나쁘게 말하는 사람은 샘이 나서, 삐쳐서, 열등감에 **그런 거임!** 내 생일 파티랑 비교되고, 그래서 화가 나서 샘을 내는 거다. 그럴 거면 자기도 생일 파티를 **화려하게 하면 되지**.

쨌든, 나는 초등학생이 화려한 생일 파티를 하는 것에 무조건 찬성이다. 친구들한테 인기 있는 생일 파티를 한 사람은 1년 내내 친구들한테 인기가 있으니까.

반대한다

소현의 논술

생일은 아주 특별한 날이다. 그래서 가족과 친구들에게 축하를 받고 선물을 받기도 한다. 하지만 생일 파티를 화려하게 하는 것은 옳지 않다고 생각한다.

친구들과 서로 축하하고 축하받는 것은 좋다. 하지만 지나치게 화려한 생일 파티는 친구들 사이에 위화감을 조성할 수 있다. 아무리 집에서 친구들과 즐겁게 생일 파티를 했다고 해도 누군가 패밀리레스토랑이나 키즈카페 같은 곳에서 생일 파티를 하면 앞서 생일 파티를 한 친구는 속이 상할 수밖에 없다. 또한 이어서 생일 파티를 할 친구는 부담이 되어 아예 생일 파티를 못할 수도 있다.

그리고 화려한 생일 파티는 부모님에게 부담을 줄 수 있다. 많은 사람에게 생일 축하를 받고 싶은 마음은 당연하다. 하지만 친구를 많이 초대하면 그 만큼 비용이 더 들 것이다. 그러므로 화려한 것보다는 생일의 참의미를 되새기며 친구들과 뜻깊은 시간을 보내는 것이 더 바람직할 것이다.

생일은 부모님이 나를 이 세상에 태어나게 해 준 데 대해 감사하는 날이다. 친구들과 우정을 쌓는 것도 좋지만 부모님에게 감사하는 마음도 가져야 한다. 무엇이든 지나치면 좋지 않다고 했다. 가볍게 선물을 주고받는 정도의 파티, 그리고 부모님께 감사하는 마음을 갖는다면 생일을 더욱 뜻깊게 보낼 수 있을 것이다.

 **엄마의 논술 교실 ❶**

구어체 문장은 피하자

민준이와 소현이는 효정이의 생일 파티 때문에 좀 흥분한 것 같아.
하지만 글을 쓰면서 각자의 생각을 정리할 수 있었을 거야.
그런데 논술은 무조건 쓰면 되는 것이 아니야.
논술에는 자기 주장이 확실하게 드러나야 해.
민준이처럼 문장이 확실하게 끝나지 않거나 평소에 쓰는 말투로
글을 쓰면 가벼운 글이 되기 쉬워.
그에 비해 소현이는 자신의 주장을 똑부러지게 밝히고 있어.
화려한 생일 파티에 대한 자신의 의견, 반대하는 이유
그리고 생일을 뜻깊게 보내는 방법까지 아주 잘 정리했어.

논술은 무조건 쓰면 되는 게 아니야

① 논술은 단순한 글짓기가 아니야
논술은 목적이 뚜렷한 글이야. 내 주장으로 상대방을 설득하는 글이지. 물론 논술을 쓰는 방법에는 여러 가지가 있지만 내 주장을 펼친다는 점에서는 차이가 없단다.

② 느낌이 아니라 주장을 쓰는 거야
일기나 독서 감상문의 경우는 주로 느낀 점을 쓸 거야. 그러나 논술은 느낀 점보다는 내 주장이 더 강조되어야 해.

③ 글짓기를 잘한다고 논술을 잘하는 것은 아니야
논술은 내 주장을 얼마나 논리적으로 설득력있게 잘 썼는가로 평가를 받아. 그렇기 때문에 글짓기를 잘한다고 반드시 논술을 잘하는 것은 아니야. 반대로 글짓기를 잘 못한다고 논술 또한 못하란 법은 없단다.

논술에는 원칙이 있어

① 주장하는 바가 명확히 드러나야 해
논술은 주장하는 글이라고 했어. 그러므로 자신이 무엇을 주장하는지 잘 나타내야 해. 내가 얼마나 많이 아는지 뽐내는 것이 아니야. 내가 알고 있는 지식과 경험을 바탕으로 주제에 대한 내 주장을 설득력있게 펼치는 글이야.

② 논술에는 뚜렷한 구성이 있어야 해
논술에는 형식이 있어. 대부분 〈서론-본론-결론〉의 구성을 가지고 있단다. 이러한 형식을 갖추는 것이 내 주장을 논리적으로 펼 수 있는 좋은 방법이야.

③ 구어체 문장은 피하는 게 좋아
글을 쓸 때는 기본적으로 구어체 문장은 피하는 것이 좋아. 특히 주장하는 글일 경우 구어체 문장을 쓰면 글의 무게감이 떨어져. 덩달아 내 주장도 가볍게 느껴진단다.

④ 반대 의견에 대해 흥분하면 안 돼
어떤 주제에 대해 모든 사람이 같은 생각을 할 수는 없어. 보는 시각이 다를 수 있고, 내 의견에 반대할 수도 있단다. 그럴 때 상대방의 의견에 말도 안 된다면서 흥분하면 안 돼. 감정이 격해지면 글이 흔들릴 수 있단다.

 ## 그렇다고 어려운 글은 아니야

① 딱딱하기만 한 글은 아니야
논술 하면 수능이나 신문 사설 같은 것을 떠올릴 거야. 그래서 논술은 어렵고 골치아픈 글이라고 생각하겠지만, 편지글이 편지를 쓰는 것이고 감상문이 느낌을 쓰는 글이라면 논술은 자기 주장을 쓰면 되는 글일 뿐이란다.

② 몇 가지만 주의하면 돼
대부분의 글에는 형식이 있어. 특히 논술은 형식이 뚜렷해서 몇 가지만 주의하면 누구나 괜찮게 쓸 수 있어. 민준이와 정우 그리고 소현이의 논술을 보면서 그 방법을 알려 줄게.

육개장이든, 육계장이든 개고기는 No!

"육계장이 맞아."

"아니야, 육개장이라니까."

민준이와 소현이가 하굣길에 티격태격 말다툼을 했다.

"컵라면 뚜껑에도 육개장이라고 쓰여 있잖아."

"그건 상품 이름이라서 그렇지. 오뚝이도 오뚜기라고 하잖아."

둘의 말다툼을 지켜보고 있던 정우가 말했다.

"육개장이든 육계장이든 뭐가 문젠데. 먹는 데는 아무 문제 없구만."

"민준이가 육계장을 자꾸 육개장이라고 우기잖아. 개고기가 들어가서 육개장이래. 말도 안 되는 소릴 하고 있어."

"육계장은 닭이 들어간 거고, 육개장은 개고기가 들어간 거야. 육계장의 계는 닭 계(鷄), 육개장의 개는… 하여튼 그냥 개!"

그러자 소현이가 더욱 큰 소리로 소리쳤다.

"개고기 아니라니까! 개를 어떻게 먹어, 야만인처럼!"

"잠깐, 개고기를 먹으면 야만인이야?"

둘의 이야기를 가만히 듣고 있던 정우가 정색을 하며 말했다.

"왜? 소, 돼지, 닭은 먹어도 되고 개는 왜? 개고기가 사람 몸에 얼마나 좋은데. 옛날부터 복날에 개고기 먹었잖아."

"끄응… 어쨌든 개고기는 먹는 게 아니야. 다른 고기가 얼마든지 있잖아."

소현이는 그렇게 말하고는 가방을 고쳐멨다. 그리고 저만치 앞서 걷기 시작했다.

"쟤는 왜 저리 똥고집인지 모르겠어."

"난 개고기를 먹으면 왜 안 되는지 모르겠어."

민준이와 정우는 서로 어깨를 으쓱하며 따라갔다.

민준이 집에 모인 세 사람은 서로 말도 안 하고 가만히 앉아 있었다.

"뭐야, 뭐야. 오늘 분위기가 왜 이리 꿀꿀해?"

민준이 엄마가 분위기가 심상치 않음을 눈치채고 물었다.

"저기 선생님. 육개장이 맞아요, 육계장이 맞아요?"

"당연히 육개장이 맞지."

민준이 엄마가 대답을 하자, 갑자기 소현이가 울음을 터뜨렸다.

"으앙~ 난 몰라. 난 몰라~."

민준이와 정우 그리고 민준이 엄마는 깜짝 놀랐다.

"소현아, 왜 울어? 육개장이랑 육계장은 원래 잘 헷갈려. 뭘 그런 거 가지고 울기까지 하냐."

민준이가 말하자 소현이는 눈물을 훔치며 말했다.

"찡코 때문에 그래. 우리 할머니집 강아지 말이야. 내가 얼마나 예뻐했는데. 그런데 작년 여름에 잃어버리셨다고 하는데, 그 날 육개장 끓여 먹었단 말이야. 육개장이 개로 끓인 거면 그러면 찡코가……."

소현이는 또 울음을 터뜨렸다. 그러자 민준이 엄마가 당황하며 말했다.

"소현아, 옛날에 개고기를 넣고 끓였다고 해서 육개장이라고는 해. 그렇지만 요즘은 소고기나 닭고기를 넣고 끓인단다. 그리고 내가 알기론 소현이 할머니가 불교 신자신데 설마 찡코를… 그러지는 않으셨을 거야. 찡코는 잃어버린 게 맞고, 그 날 육개장은 소고기를 넣으셨겠지."

"정말요?"

소현이가 두 눈에 눈물이 그렁그렁해서 말했다. 민준이 엄마는 고개를 크게 끄덕였다.

"그런데 개고기는 먹으면 안 돼요?"

정우가 이해가 안 된다는 듯이 말했다.

"안 되는 것은 아니지."

"아니에요! 먹으면 안 돼요. 어떻게 가족처럼 지내던 개를 먹을 수 있어요?"

소현이가 절대로 안 된다고 하자 정우도 지지 않고 말했다.

"야, 소는 뭐 가족처럼 키우지 않냐? 닭은 안 그래? 외국에서는 양고기도 먹고 말고기도 먹어. 그런데 개만 안 된다는 건 말이 안 되잖아."

"그건 고기를 먹기 위해서 키우는 거잖아. 그런데 개는 고기를 먹기 위해 키우는 게 아니잖아."

소현이가 말하자 정우가 어이없다는 듯이 말했다.

"야야, 무슨 치와와나 말티즈 같은 개를 먹는 줄 아냐? 고기로 먹는 개는 따로 있거든?"

두 사람의 의견이 팽팽하게 맞서자 민준이 엄마가 중간에 나섰다.

"자자, 맞아. 개고기에 대해서는 여러 가지 의견이 있을 수 있어. 그러면 오늘은 개고기를 주제로 써 보자. 개고기 문화에 대해서 어떻게 생각하는지 말이야."

"저는 당연히 반대예요!"

소현이가 말하자 정우가 콧방귀를 뀌며 말했다.

"난 당연히 찬성이야."

둘은 그렇게 말하고 서로 등을 돌리고 열심히 글을 써내려갔다.

보신탕 문화에 대한 자신의 의견을 쓰시오.

친구 같은 개를 먹어서는 안 된다

소현의 논술

며칠 전, 텔레비전에서 개고기에 대한 방송을 한 적이 있다. 더러운 환경에서 살다가 잡혀온 가여운 개들이 목숨을 잃고 있었다. 그 장면을 보고도 개고기를 먹겠다는 사람은 강심장이다.

개는 사람과 가장 친한 동물이다. 어떻게 가족처럼 지내던 개를 먹을 수 있을까? 그것은 거의 식인종에 가깝다. 물론 나도 소고기나 돼지고기, 닭고기를 좋아한다. 개고기를 반대한다면 다른 고기도 먹지 말아야 한다고 한다. 하지만 다른 고기는 옛날부터 먹어왔던 것이다. 그러므로 개고기는 먹으면 안 된다. 다른 고기도 많은데 구태여 친구 같은 개를 먹을 필요가 있는가. 정말 개들이 너무 불쌍하다. 용서할 수가 없다. 그러므로 개고기는 절대 먹으면 안 된다. 먹으면 다 야만인이다. 야만인이 되기 싫다면 개고기를 먹으면 안 된다.

복날에 어른들이 보신탕을 먹는다. 몸보신을 위해서라면 삼계탕도 있고 장어나 오리탕도 있다. 그러니 제발 불쌍한 개는 먹지 않았으면 좋겠다. 왜 굳이 친구 같은 개를 먹지 못해 안달인가. 친구를 잡아먹겠다는 것이 과연 올바른 생각인가. 올바르지 않다.

> 보신탕은 우리 고유의 음식이다

정우의 논술

해마다 여름이면 개고기를 하나의 문화로 받아들일 것인가, 아니면 혐오식품으로 받아들일 것인가 의견이 분분하다. 그런데 무턱대고 개고기는 혐오식품이라고 치부하기보다는 우리 민족의 개고기 문화에 대해 바르게 이해하고 논쟁의 문제점을 해결해야 할 것이다.

우리 민족은 먼 옛날부터 개고기를 먹어왔다. 조선 시대에는 임금님의 수라상에도 올라갔고, 백성들은 복날 더위에 지친 몸을 개고기로 달랬다. 〈동의보감〉에도 개고기의 효능에 대해 나와 있을 정도로 친숙한 고기이다. 고기를 1년에 한두 번 먹을까 말까 했으니, 개고기는 서민들의 좋은 단백질 공급원이었다.

물론 요즘에는 굳이 개고기가 아니더라도 단백질을 보충할 방법은 많다. 그렇기 때문에 굳이 혐오스러운 개고기를 먹어야겠느냐는 의견이 많다. 하지만 이는 소고기, 돼지고기, 닭고기 등에도 똑같이 적용될 수 있다. 종교적인 이유나 개인적인 취향이 아닌, 그저 혐오식품이라고 해서 개고기 문화를 비난하는 것은 옳지 않다.

단순히 반려견을 들먹여 보신탕 문화를 반대하는 것은 억지다. 개고기를 먹는 문화에 대해 우리 민족의 풍습이나 식문화까지 싸잡아 비판하기보다는 개고기의 유통과 판매 등을 개선해 올바른 식문화로 자리잡을 수 있도록 대처하는 것이 현명할 것이다.

엄마의 논술 교실 ❷

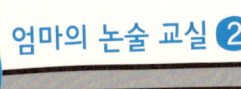

소현이가 이번에는 감정을 추스르지 못한 것 같구나.
소현이의 마음은 충분히 이해되지만 너무 감정이 앞서고 말았어.
논술은 냉정하고 논리적인 글이야.
감정에 휘둘리면 아무리 똑부러진 소현이도 좋은 글을 쓸 수 없어.
끝까지 내 의견을 흔들림없이 주장하려면 미리 '개요'라는 것을 짜야해.
개요란 무슨 내용을 어떻게 주장해 나갈 것인지 미리 틀을 잡는 거야.
만약 개요를 짜놓지 않으면 소현이처럼 감정에 치우쳐
떼를 쓰는 듯한 글이 될 수도 있단다.

 글의 뼈대를 세우자

① **개요는 왜 필요할까**
집을 지을 때 뼈대부터 세우듯 논술을 쓸 때는 먼저 개요를 짜야 해. 그래야 자신의 주장을 흔들리지 않고 끝까지 쓸 수 있고, 불필요한 내용이나 같은 내용이 반복되는 것을 막을 수 있단다. 또한 앞뒤 순서를 지켜가면서 쓸 수 있어서 논리적이고 질서있는 글이 된단다.

② **자신의 입장을 정하자**
주어진 논술이 찬성인지 반대인지를 묻는 경우라면 자신은 어느 편인지를 확실히 정하자. 찬성이면 왜 그렇게 생각하는지, 그리고 반대 편의 주장을 비판할 근거도 생각해 두어야 한단다.

③ **무엇을 쓸지 정하자**
찬반을 묻는 논술이 아니라, 자신의 생각을 써야 하는 논술인 경우에는 주제를 확실히 정해야 해. 주제가 확실해야 명확하고 독창적인 글을 쓸 수 있거든.

주제란 자신이 주장하고자 하는 중심 생각이야. '생일 파티' '개고기'는 논술의 주제가 될 수 없어. '화려한 생일 파티는 하지 말아야 한다' '개고기 문화는 사라져야 한다' 이런 식의 주제가 꼭 들어가야 해. 주제를 잡을 때는 자신이 경험했거나 잘 아는 것을 선택하는 것이 좋아.

메모를 하자

① 질서를 지켜야 해
개요를 짤 때 처음부터 너무 자세하게 짤 필요는 없어. 우선 큰 틀을 짠 다음에 구체적인 문장 개요를 짜는 것이 좋아. 중심 문장과 뒷받침 문장의 배열 순서도 정해 놓으면 논리적이고 질서있는 글을 쓸 수 있단다.

② 글로 정리하자
머릿속으로만 생각해서는 끝까지 글을 쓰기 어렵단다. 간단한 글이면 모를까 논술처럼 긴 글에서는 횡설수설하기 쉽지. 따라서 자신의 생각을 문장으로 정리해 두는 것이 좋아.

( )은	( )이므로	( )해야 한다
주제어(서론)	근거 제시(본론)	주장(결론)

예1 개고기는 혐오식품이므로 금지해야 한다.
예2 개고기는 옛날부터 먹어온 음식이므로, 유통 과정 등을 개선해 지켜야 한다.

③ 3단으로 구성하자
논술은 대부분 서론, 본론, 결론으로 구성돼. 각 부분에 어떤 내용을 쓸지 미리 정리해 놓도록 하자. 서론, 본론, 결론 쓰는 법은 다시 설명하겠지만, 일반적으로 서론에는 무엇을 쓸 것인지 정하고, 본론에는 문제 해결 방안을 제시하며, 결론에는 주제를 다시 확인하고 앞으로 어떻게 해야 할지에 대해 쓴단다.

꽃보다 크로켓

"어휴~ 요즘 꽃값이 장난이 아니네."

시장을 보고 들어온 민준이 엄마 손에 꽃 한 다발이 들려 있었다. 민준이네 거실에서 책을 보던 소현이랑 정우가 민준이 엄마에게 달려갔다.

"우와, 프리지아다."

"으흠~ 역시 향기가 좋아."

민준이는 힐끗 한번 보더니 다시 책으로 눈을 돌렸다.

"그래서 간식은?"

민준이 엄마는 입을 삐죽 내밀더니 크로켓 봉지를 내밀었다.

"크로켓 하나씩 먹고 바로 수업하자."

그제야 민준이는 다른 아이들과 함께 식탁에 앉았다.

"에계계, 왜 달랑 세 개뿐이야? 하나씩만 먹으라고? 쳇, 난 두 개는 먹어야 하는데."

민준이가 투덜대자 엄마가 우유를 꺼내오며 말했다.

"미안, 꽃 사느라고 그랬어. 졸업 시즌이라 그런지 꽃이 비싸네."

"그러게 비싸다면서 꽃은 왜 사?"

민준이가 크로켓을 먹으면서 계속 투덜대자, 민준이 엄마가 섭섭하다는 듯이 말했다.

"너무한다, 얘. 엄마가 기분이 좀 그래서 꽃 좀 샀더니만. 요즘 꽃이 귀할 때니까 너무 비싸. 보통 때 같으면 반값이면 살 것을."

"왜 그런 거예요?"

정우가 물었다.

"수요와 공급의 법칙 때문이지. 꼭 사야 하는 사람이 많으니까 값을 올리는 거야. 어떻게든 팔리니까. 뭐, 요즘처럼 졸업과 입학 시즌에는 없어서 못 팔지."

"그러면 잔뜩 사뒀다가 비쌀 때 팔면 떼돈을 벌겠네요?"

소현이가 야무지게 말하자 민준이 엄마가 맞장구를 쳤다.

"응, 그러고 보니 옛날 이야기에도 그런 사람이 있었어."

"누구요?"

"허생. 〈허생전〉 읽어 봤니?"

민준이와 친구들은 안다는 듯 고개를 끄덕였다.

"아~ 알아요. 가난한 양반이잖아요."

"허생? 대동강 물 판 사람?"

31

민준이가 잘난 척하며 말하자 소현이가 깔깔대고 웃었다.

"오호호호, 무식하긴. 네가 말한 사람은 김선달이고. 왜 부자한테 돈을 빌려서 과일을 잔뜩 사뒀다가 비쌀 때 팔았잖아. 그래서 큰돈을 벌고."

소현이가 놀리자 민준이는 입을 삐죽거렸다.

"헷갈릴 수도 있지 뭐. 허생전을 읽으면서 김선달이 생각나더라. 얌체 같아서 말이야."

"뭐가 얌체 같아?"

정우 말에 민준이가 말했다.

"그렇잖아. 얌체처럼 제주도에는 육지의 물건을 가져가 비싸게 팔고, 육지에서는 제주도의 말총을 비싸게 팔고."

"그러니까 머리가 좋은 거지. 많이 사뒀다가 비쌀 때 판다, 얼마나 간단해? 그야말로 누워서 떡먹기다."

정우가 말했다.

"호호호, 넌 이 상황에서도 먹는 얘기냐? 현대 사회에서는 절대 있을 수 없는 일이야. 어차피 꾸며낸 이야기니까."

소현이 말에 민준이 엄마가 웃으며 말했다.

"꾸며낸 이야기지만 허생이 살 때는 시대가 그랬어. 장사하는 사람이 천대를 받았단다. 그래서 가난한 양반과 부자 상인들이 많았지. 그러면서도 양반은 체면 때문에 돈을 벌지 않았어. 허생전은 그런 점을 주제로 한 이야기이고."

민준이 엄마가 허생전에 대해 이야기하던 중 좋은 생각이 났다는 듯이 말했다.

"그러면 오늘 논술 주제는 정해졌네. 각자 그 시대의 상황에 비추어서 허생전에서 말하고자 하는 경제적인 주제에 대해 써 보자. 허생이 돈을 번 방법이 정당한지 어떤지도 써 볼까?"

"어휴, 옛날 이야기는 재미있으면 되지, 그걸로 무슨 논술씩이나 해요."

민준이가 툴툴거리자 정우도 같이 구시렁거렸다.

"게다가 무슨 경제적인 주제라니······."

"난 뭐 쓸지 알겠다~."

소현이가 얄밉게 말하며 혀를 날름거렸다. 민준이 엄마가 시장바구니를 정리하면서 말했다.

"논술이 국어에만 있는 건지 아니? 정치, 경제, 사회, 문화 모든 것하고 연관되어 있어."

"논술은 무슨 시사에 관련된 것만 쓰는 게 아니에요?"

정우 말에 민준이 엄마가 웃으며 말했다.

"그 시사에 관련된 것이 정치, 경제, 사회, 문화와 연관되어 있다니까. 자, 이제 쓰기 시작하세요. 그 동안 나는 꽃꽂이 좀 해야겠다."

〈허생전〉에 나타난 경제적인 주제에 대해 쓰시오.

개같이 벌어 정승처럼 써라

민준의 논술

〈허생전〉에 등장하는 허생은 별볼일없는 양반이다. 과거 볼 생각도 없고 돈도 없고, 양반이라는 것만 빼면 뭐 하나 내세울 만한 것이 없다.

그런 허생이 아내의 등쌀에 못 이겨 가출을 한다. 한양 부자 변 진사를 찾아가 1만 냥을 빌려 과일을 모두 사들인다. 흉년이 들어 과일 값이 오르자 비싸게 되파는 방법으로 10만 냥을 벌었다.

글만 읽던 허생이 이렇게 머리를 써서 돈을 번 것은 잘한 것 같다. '개같이 벌어서 정승처럼 써라'는 말이 있다. 허생이 사기를 친 것도, 남에게 해를 끼친 것도 아니다. 그냥 돈을 많이 번 걸 가지고 뭐라 할 이유는 없다. 가만히 앉아서 10배의 이익을 얻었으니 대단한 것 같다.

그런데 실제로 명절이나 김장 때가 되면 허생처럼 돈을 버는 사람이 있다. 아침부터 밤까지 열심히 일하기보다는 허생처럼 조금 머리를 써서 돈을 버는 것이 더 큰돈을 버는 것 같다. 따라서 몸으로 일해서 힘들게 벌기보다는 지금 열심히 공부해서 좋은 직업을 얻어 편하게 돈을 버는 것이 더 좋을 것 같다.

양반 사회에 경종을 울린 〈허생전〉

소현의 논술

허생은 아내의 잔소리에 못 이겨 부자 변 씨를 찾아가 1만 냥을 빌린다. 그리고 과일을 매점매석해 10배의 이익을 얻고, 제주도에서도 장사를 하고 말총을 사들여 막대한 이익을 남긴다. 그 후 허생은 빈 섬에서 도적들과 농사를 짓고, 그 곡식을 일본에 가져다 팔았다. 그리고 많은 돈을 벌어 다시 조선으로 돌아와 변 씨에게 빌린 돈의 10배를 갚고 가난한 사람들을 도와 준다.

조선 후기에는 상업이 발달하고 화폐도 유통되기 시작했다. 자본주의가 발달할 수 있는 토대가 만들어지고 있었다. 상업이 발달하고 신분과 관계없이 부자가 생기면서 농업 중심 사회에서 상공업 중심 사회로 변한 것이다. 그런데 양반들은 그런 현실을 무시했다. 체면을 차리느라 여전히 방에서 책만 읽었다.

허생전의 작가인 박지원은 그러한 현실이 너무 안타까웠다. 그래서 〈허생전〉을 통해 허례허식에 빠진 양반 사회를 비판하고 국가의 부를 쌓아 백성들이 넉넉하게 살 수 있는 사회 분위기를 만들려고 했다. 다시 말해 허생전은 양반의 실태를 풍자로 풀면서 이용후생과 부국의 중요성을 일깨운 개혁적인 소설이라고 할 수 있다.

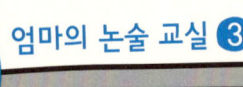 **엄마의 논술 교실 ❸**

주제문을 정하자

<허생전>은 박지원이 쓴 우리나라 고전 소설이야.
당시 시대 상황을 잘 담아낸 소설이고, 작가의 주장도 확실하게 드러나 있는 글이야. 이번에는 글 속의 주제를 찾고, 그 주제로 자신의 생각을 써 보았어.
우리가 논술을 쓸 때 확실히 해야 할 것이 있어.
'무엇을 주제로 쓸 것인가'.
특히 텍스트가 주어진 경우 그 주제를 제대로 파악하지 않으면 정우처럼 엉뚱한 주장을 하게 돼. 공부를 잘해야 돈을 많이 벌 수 있다는 것은 허생전의 주제와 전혀 맞지 않아. 소현이처럼 '이용후생과 부국의 중요성을 일깨우려 했던 것'이라는 주제문을 확실히 잡는다면 좋은 글을 쓸 수 있어.

 ## 무엇을 쓸지 확실하게 정하자

① 주제를 정하자

주제는 자신이 전하고자 하는 중심 생각이야. 특히 논술 문제에서 'OO에 대해 쓰시오'라고 했다면 'OO'에 해당하는 부분을 주제로 삼아야 해.

② 주제문을 정하자

논술 문제를 읽고 나면 머릿속에 여러 가지 생각이 들 거야. 그렇기 때문에 개요를 짜야 한다고 했어. 그 때 내가 주장하는 바가 무엇인지 주제문을 정하도록 하자. 주제문을 정하면 내가 무엇을 써야 할지도 정리가 될 거야.

③ 주제문은 반드시 한 문장이어야 해

아무리 주장하고 싶은 바가 많더라도 주제문은 반드시 한 문장이어야 해. 논술에서 한번에 여러 가지를 주장하는 경우는 거의 없어. 또한 하나의 문장이어야 중구난방인 글이 되지 않는단다.

주제문은 이렇게 정하자

① 범위가 좁아야 해

주제문을 정할 때 너무 광범위하게 정하면 안 돼. 너무 광범위하면 글을 써나가는 과정에서 또 헷갈린단다. 예를 들어 '에너지를 아끼자'보다는 '에너지 문제 해결을 위해 대체 에너지를 개발해야 한다'가 더 구체적이야.

앞의 주제문은 여러 가지 쓸 것은 많겠지만 범위가 너무 넓어. 하지만 뒤의 주제문은 대체 에너지 개발의 이유와 방법 등을 쓰면 되니까 글쓰기가 더 편하단다.

② 내가 아는 범위에서 정하도록 해

때로는 사회 이슈나 어떤 문제에 대한 자신의 생각을 써야 할 때가 있어. 그 때 주제는 내가 잘 아는 것이어야 해. 자기의 경험과 지식의 범위 안에서 글의 주제를 생각해야 하는 거야. 자신이 잘 모르는 주제라면 아무리 괜찮은 주제문을 정하더라도 훌륭한 글을 쓸 수 없겠지.

③ 공감할 수 있는 것이어야 해

아무리 좋은 주제라 해도 다른 사람의 흥미를 끌지 않으면 읽지 않게 돼. 나만 알고 있는 것을 아무리 주장해 봤자 다른 사람의 공감을 얻을 수 없어. 그러므로 공감할 수 있는 많은 정보를 알고 있어야 해. 그렇기 때문에 가급적 다양한 분야에 대한 지식을 쌓아야 논술을 잘 쓸 수 있다는 얘기야.

④ 주제문에 이런 말은 피하자

주제문을 '~라고 생각한다' '~인 듯하다'는 식으로 정하면 왠지 자신없어 보이므로 피하는 게 좋아. 주제문에는 자신의 관점, 태도, 주장이 분명하게 드러나야 하므로 의문문이나 선택형 문장 역시 안 돼. 그리고 주제문을 2~3개씩 두면 역시 주장이 흔들리게 된단다.

호박에 줄 그으면 취직이 된다고?

"요기만, 딱 요기만 요렇~게. 언니 할 때 나도 따라가 볼 걸."
소현이는 작은 손거울을 들고 코볼을 살짝 잡았다.
"그러면 예뻐질 것 같냐?"
소현이의 손거울에 스윽 하고 민준이 얼굴이 비쳤다.
"깜짝이야!"
"만날 거울만 들여다본다고 뭐가 나아지냐? 똑같다, 똑같아."
소현이는 민준이 말에 입을 삐죽 내밀었다.
"칫, 남이사."
소현이는 얼른 손거울을 가방에 넣었다.
"뭐, 소현이 정도면 아주 호박에 줄 긋기는 아니지. 눈 좀 하고 코 좀 하고 턱 좀 깎고 치아 교정 좀 하고 그러면 나아질 것도 같다."

정우 말에 민준이가 깔깔거리며 웃었다.

"야, 그게 뭐냐. 다 고치는 거잖아."

"그러니까. 다 고쳐야 조금이라도 티가 날 것 같다는 거야, 크크크."

정우와 민준이의 장난에 소현이는 화가 났다.

"너희들~. 하긴, 너희 같은 애들은 정말 공부 열심히 해야 해. 얼굴로는 절대로 안 되니까."

소현이는 콧방귀를 뀌었다.

"뭐? 뭐가 안 된다고? 참나."

"쟤가 남자 볼 줄 모르네. 우리 같은 얼굴이 어른이 되면 진짜 잘생긴 얼굴이 돼."

민준이와 정우가 턱을 쭉 내밀어보였다.

"풉, 웃기지 마. 이렇게 보니까 정말 공부해야 할 얼굴이다."

그 때 민준이 엄마가 들어왔다.

"소현이는 뭐가 그렇게 재미있어? 나도 같이 좀 웃자, 응?"

"선생님, 얘네들이 자기들이 잘생긴 얼굴이래요."

그러자 민준이와 정우도 지지 않고 말했다.

"우리보고 공부 열심히 해야 할 얼굴이래요."

"자기는 다 뜯어고쳐도 될까 말까 하면서."

"잠깐만! 우리 아들 얼굴이 어때서? 눈 두 개, 코 하나, 입 하나. 김수현하고 똑같은데?"

민준이 엄마가 장난스럽게 말했다.

"오호호호, 선생님 정말 웃겨요!"

"그래요. 저는 김수현이랑 똑같이 생겼어. 그런 식이면 정우는 김우빈이랑 똑같고 소현이는 이다희랑 똑같이 생겼네요, 흥!"

"야, 이왕이면 EXO의 시우민으로 해 줘~."

정우도 킥킥거리면서 말했다. 실컷 웃고 난 소현이가 말했다.

"하긴, 요즘은 공부도 잘하고 외모도 예뻐야 한다더라. 우리 사촌언니가 일류 여대를 나왔는데, 취직하려고 이번에 성형수술했어."

"어머머, 희수 말이니? 걔 참 예쁘던데 어딜 수술해?"

민준이 엄마가 깜짝 놀라 물었다.

"코가 이상하다고 코뼈 조금 깎고, 하는 김에 쌍꺼풀도 다시 했어요."

소현이 말에 민준이와 정우는 혀를 내둘렀다.

"어떻게 뼈를 깎지? 뼈를 깎는 고통이라는 말은 없어져야겠다."

"그래도 우리 언니는 약과야. 언니 친구 중에는 지방 흡입 수술 하다가 큰일날 뻔한 언니도 있어. 그런데 그 언니가 이번에 턱 수술 또 했다."

"헐, 소름끼친다. 죽을 뻔했으면 다시는 안 할 것 같은데."

정우가 몸을 부르르 떨었다.

"희수는 똑똑하고 학벌도 좋은데 왜 성형을 한 거야?"

민준이 엄마 말에 소현이가 대답했다.

"요즘엔 예쁘지 않으면 취직이 잘 안 된대요. 그래서 스펙? 뭐 그런 거에 외모도 들어간대요. 희수 언니는 매일 다이어트해요. 살찌면 보기 싫다구요."

"그렇다고 성형수술까지 하는 건 좀 그렇다."

민준이 말에 소현이가 고개를 흔들었다.

"아니야, 진짜 냉정하더라구. 희수 언니도 1년은 그냥 지냈는데, 이제는 조급해지나 봐. 서류전형이나 시험은 잘 봐도 꼭 면접에서 떨어진대. 그 이유가 뭐겠어? 외모 때문이야. 외모도 이제 성적에 포함되는 거라고."

"그래도 진짜 실력이 좋으면 외모하고는 상관없어. 그 누나가 뭔가 부족했겠지."

민준이 말에 소현이가 답답하다는 듯이 손으로 가슴을 쳤다.

"어휴~ 진짜! 희수 언니는 학점도 좋대. 장학금을 탄 적도 있고. 그런데 면접관이 그러더래. 코가 매부리코라서 이기적으로 보인다고."

소현이 말에 민준이는 끝까지 동의하지 않았다.

"에이, 그냥 돌려서 말한 거겠지. 그리고 그 누나 친구는 큰일날 뻔도 했다면서? 어휴, 목숨 걸고 수술할 정도란 말이야?"

민준이 엄마가 중간에 나섰다.

"그러면 오늘 논술 주제는 정해졌네. 성형수술에 대해 어떻게 생각하는지. 자, 준비됐지?"

성형수술에 대한 자신의 의견을 쓰시오.

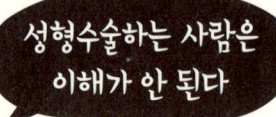

성형수술하는 사람은 이해가 안 된다

민준의 논술

한국인의 성형수술 비율이 세계 1위로서, 이제는 쌍꺼풀이나 코 수술 같은 건 성형수술 축에도 못 낀다고 한다. 우리나라 의사들의 실력이 워낙 뛰어나서 외국에서도 많은 사람들이 성형수술을 하러 한국에 온다고 한다.

성형수술은 어른들이나 하는 것으로 생각했는데, 며칠 전 텔레비전 프로를 보니까 중학교 누나들도 성형수술을 한다고 한다. 심지어 우리 반 여자애들도 성형수술을 할 거라고 한다.

나는 성형수술하는 사람들이 이해가 안 된다. 사람은 태어날 때 자기만의 개성을 가지고 태어난다. 그런데 성형수술 때문인지 요즘은 텔레비전에 나오는 사람은 다 비슷해 보인다. 성형수술을 받다가 목숨을 잃기도 하지만 예뻐지기 위해서라면 아랑곳하지 않는다. 돈은 돈대로 들고 몸은 몸대로 망가지는데 과연 성형수술을 꼭 해야 하는지 의문이다.

하지만 생활하기 불편할 정도나 지나치게 보기 흉할 경우에는 성형을 할 필요도 있을 것이다. 또한 외모 때문에 스트레스가 너무 심하다면 수술을 하는 것도 나쁘지 않다고 생각한다. 어찌 보면 예쁜 것만 찾는 현대 사회의 문제이기도 한 것 같다.

성형수술은 외모뿐만 아니라 마음까지 예뻐지게 한다

소현의 논술

'첫인상 5초의 법칙'이라는 말이 있다. 단 5초만에 상대방의 첫인상이 결정된다는 뜻이다. 그 5초를 좌우하는 것은 행동, 옷차림, 성격보다는 외모인 경우가 많다.

요즘은 취업을 위해서 성형을 하는 경우가 많다. 외모로 평가받는 것은 정당하지 않다고 할지 모르지만, 외모 때문에 자신의 능력을 제대로 평가받지 못하는 것 또한 옳지 않다고 생각한다. 예쁘다는 말을 자주 듣는 친구들은 다른 사람들 앞에 스스럼없이 당당하게 나선다. 하지만 조금이라도 외모 지적을 받거나 놀림을 받은 친구들은 위축되는 경우가 많다.

우리나라의 성형수술 비율이 세계 1위라고 한다. 뿐만 아니라 의료진의 기술도 뛰어나서 세계 곳곳에서 성형을 하기 위해 우리나라를 찾는다고 한다. 그리고 보면 성형은 전 세계인의 관심사라고 할 수 있다.

물론 청소년기에 성형수술을 받는 것은 위험하다. 그러므로 성장이 멈춘 성인이 되었을 때 받아야 할 것이다. 다른 부분에서 자신감을 가질 수 있다면 좋겠지만, 만약 외모 때문에 자신감이 떨어진다면 성형수술을 받고 당당해지는 것이 더 낫다고 생각한다.

엄마의 논술 교실 ❹ — 서론 쓰는 방법

서론은 글의 시작이기 때문에 읽는 사람에게 좋은 인상을 주어야해.
서론이 재미없다면 아무리 본론과 결론을 잘 써도
기억에 남는 글이 되기 어려워.
서론은 문제를 제기하고 그 이유와 목적 등을 밝히는 부분이야.
그런데 민준이는 서론에서 이 부분을 빠뜨렸어.
그리고 언뜻 보기에 민준이는 성형수술에 반대하는 것 같은데
결론 부분을 보면 찬성한다고 하고 있어.
서론에서 글의 방향을 잘 잡아 주지 않았기 때문이야.
소현이처럼 자신의 의견을 먼저 내보인 다음
글을 써나가면 탄탄한 결론에 이를 수 있어.
그 밖의 서론 쓸 때 주의할 점에 대해 알아보자.

첫인상

① 논술도 첫인상이 좌우해

'서론만 쓰면 논술문은 다 쓴 것이나 다름없다'는 말이 있어. 그만큼 서론은 전체 글을 좌우할 정도로 중요한 역할을 한단다. 뿐만 아니라 글쓰는 사람에게는 글의 방향을 안내하는 길잡이 역할도 하는 것이 서론이야.

② 호기심을 불러일으키게 쓰자

매장에 옷을 예쁘게 디스플레이하거나, 음식을 예쁜 그릇에 담고 보기좋게 장식하면 누구나 사고 싶고 먹고 싶어하잖니. 글도 마찬가지야. 읽는 사람이 관심과 호기심이 생겨서 읽고 싶도록 만들어야 해.

어떻게 시작할까

① 화젯거리나 예화로 시작한다
서론을 어떻게 써야 할지 막막하다면 주제와 관련된 사건이나 예화로 시작해 보자. 이 때 내 경험을 바탕으로 시작하는 것도 좋아.

② 의문을 제기해 보자
질문을 던지는 식으로 서론을 쓰는 방법도 있어.

③ 인용을 하면서 시작한다
속담이나 격언, 남의 말 인용으로 시작하는 것도 좋은 인상을 줄 수 있어. 소현이의 '첫인상 5초의 법칙'처럼 말이야.

④ 자기 견해와 반대되는 견해부터 쓴다
이 방법은 조금 위험한 방법이야. 자칫 글의 주제가 흔들릴 수 있기 때문이지. 하지만 끝을 잘 맺는다면 설득력이 뛰어난 글이 될 수 있어.

무엇을 쓸 것인가

① 문제 제기
앞에서도 문제 제기에 대해 말했지. 서론에는 왜 이 글을 쓰는지 그 이유가 나타나야 해. 무엇에 대해, 왜, 어떻게 쓸 것인지 3가지로 정리해 보자.

② 어떤 방법으로 쓸 것인가
글을 쓰는 방법에는 두괄식과 미괄식이 있어. 뒤에 가서 다시 설명하겠지만, 두괄식의 경우는 서론 첫 단락에서 문제 제기와 함께 자신의 입장을 밝혀 주어야 해.

③ 장황하게 쓰지 않는다
글의 첫인상을 좋게 한다고 주제와 관계없는 이야기를 쓰지 않도록 해. 참신하게 시작하는 것은 좋지만 너무 장황하게 글을 늘어놓는 것은 좋지 않아.

돈이냐 분위기냐, 그것이 문제로다

"물러가라, 물러가라!"

"학교 앞에 호텔이 웬 말이냐!"

민준이와 정우, 소현이는 하굣길에 한 중학교 앞에 어른들이 피켓을 들고 서 있는 것을 보았다. 맨 앞에 선 사람이 선창을 하면 다른 사람들이 따라서 소리를 질렀다.

"무슨 일이야?"

정우 말에 민준이가 대답했다.

"응, 저기 중학교 앞 사거리에 공터 있잖아. 거기에 호텔이 들어선대. 그래서 학부모들이 반대하는 거야."

"뭐, 호텔? 그걸 어떻게 학교 앞에다 세워?"

정우가 깜짝 놀라서 말하자 소현이가 아무렇지 않게 말했다.

"뭐가 학교 앞이야. 사거리까지는 거리도 꽤 되는데."

"그래도 너무 가깝잖아."

"참, 엄마 심부름 때문에 저쪽 서점에 들러야 하는데, 같이 갈 사람~. 엄마가 붕어빵 사먹으라고 용돈도 줬어."

민준이 말에 정우와 소현이는 걷던 방향을 바꾸었다.

"미림서점 말이지? 가자."

서점으로 가는 길에 큰 관광버스 두 대가 길가에 서 있는 것을 보았다.

"우와, 엄청 크다."

"저기 앞에 뭐라고 쓰여 있어. 뭐냐면……."

그 때 상가에서 사람들이 마구 쏟아져나왔다. 민준이와 아이들은 버스에서 뒤로 물러났다.

"중국 사람들인가 봐."

"응, 관광객 같아."

관광객들은 저마다 손에 커다란 쇼핑백 한두 개씩을 들고 있었다.

서점에서 엄마가 말한 책을 받은 민준이와 아이들은 오는 길에 붕어빵 한 봉지를 샀다. 그리고 민준이 집으로 와서 붕어빵을 먹으며 이야기를 나누었다.

"아까 중국 사람들 엄청 많더라. 그 커다란 관광버스 두 대에 탔으면 어마어마한 거야."

"그리고 물건도 엄청 많이 샀나 봐. 쇼핑백을 많이 들고 있더라."

민준이와 정우 말에 소현이가 말했다.

"거기에 대형 화장품 매장이랑 있거든. 가끔 관광객들이 온다고 하는데, 오늘처럼 많은 건 처음 봐."

"우와, 그러면 그 매장들은 돈 엄청 벌겠다."

소현이가 고개를 끄덕였다.

"응. 우리 엄마 친구가 거기서 홍삼 가게를 하는데, 요즘은 중국 관광객이 없으면 장사를 못할 정도래."

민준이와 정우도 고개를 끄덕였다.

"그런데 잘 곳이 부족해서 문제인가 봐."

"호텔에서 자면 되지. 우리나라에 호텔 많잖아."

정우 말에 소현이가 답답하다는 듯이 말했다.

"서울에 있는 호텔이 그 많은 관광객들을 어떻게 다 수용하겠니? 그리고 우리나라에 관광할 데가 서울밖에 없어? 숙박 시설이 다 서울에만 몰려 있으니까 다른 지방에는 관광객들이 오지를 않는대."

그 때 민준이 엄마가 들어왔다.

"어머, 붕어빵 맛있겠다. 나도 하나만. 그런데 무슨 얘기를 하고 있었니?"

"선생님, 중학교 앞에 호텔이 들어선대요. 정신나갔나 봐요. 학교 앞에 호텔이라니."

정우가 어이없다는 듯이 말하자, 소현이가 정우 말을 가로막았다.

"학교 앞이 아니에요. 한 블록 떨어진 곳이에요. 학부모들이 반대 시위하는 건 조금 지나친 것 같아요."

"소현이는 왜 그렇게 생각해?"

민준이 엄마가 묻자 소현이가 말했다.

"우리나라 관광 수익이 계속 적자래요. 그 이유가 숙박 시설 때문이라는 기사를 읽었어요. 우리 엄마 친구 분이 외국인 상대로 장사를 하는데, 그 분도 관광객들이 숙박 시설 때문에 불편을 겪는다는 말을 많이 들었대요."

그러자 정우가 다시 말을 이었다.

"저도 그 기사 읽은 적 있어요. 하지만 숙박 시설만 들어오면 괜찮지만 숙박 시설 주위에 유흥업소가 들어오는 게 문제라는 지적도 있었어요. 유흥업소가 들어오면 호기심 때문에 탈선하는 학생들이 많을 거예요. 중학교 앞이라잖아요. 중2병이 얼마나 무서운데요."

그러자 민준이 엄마가 좋은 생각이 난 듯이 말했다.

"좋아, 오늘은 이 주제로 하자. 외국 관광객 유치를 위해 숙박 시설을 늘려야 하는지, 아니면 교육 환경을 위해 숙박 시설을 막아야 하는지 말이야."

민준이 엄마 말에 민준이가 중얼거렸다.

"돈이냐 교육이냐, 그것이 문제로다……."

학교 인근 숙박 시설 건립에 대한 자신의 의견을 쓰시오.

> 굳이 마찰을 일으키면서까지 지을 필요는 없다

정우의 논술

우리나라에는 중국을 비롯해 많은 외국 관광객들이 몰려오고 있다. 그들이 돈을 쓰면 우리나라 관광 산업 발전에 큰 도움이 된다. 해외 여행에만 신경쓰지 말고 우리나라를 찾는 외국인들을 잘 지켜야 할 것이다.

문제는 숙박 시설이다. 현재 호텔이나 여관 같은 숙박 시설은 학교 교문에서 50~200m 사이인 상대정화구역 내에도 건립할 수 있다. 그런데 최근 정부가 규제 완화를 위해 유해 시설이 없으면 학교 주변에도 고급 관광호텔을 지을 수 있도록 해 부족한 숙박 시설을 해결하고자 한다. 관광객을 위한 숙박 시설이 생기면 그 주위에 유흥업소가 들어설 것이다. 그래서 사람들이 학교 주변 숙박 시설 건립에 반대하고 있다. 그런데도 시에서는 계속 숙박 시설을 짓겠다고 한다. 이 문제는 어느 한쪽에서 양보를 해야 한다. 중2병에 걸린 형, 누나들을 위해 숙박 시설을 금지하든지, 관광객 유치를 위해 숙박 시설을 지어야 한다.

내게 어느 한쪽 편을 들라 하면 나는 숙박 시설을 짓지 않는 쪽이다. 아무래도 학생들이 공부할 수 있는 분위기를 만드는 것이 더 중요하다고 생각한다. 세상에는 절대로 안 되는 것은 없다. 양쪽 모두 서로의 의견을 존중해서 되도록 숙박 시설을 짓지 않았으면 좋겠다.

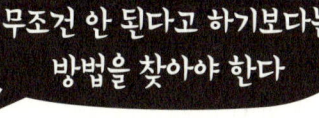

"무조건 안 된다고 하기보다는 방법을 찾아야 한다"

소현의 논술

우리나라를 찾는 외국인 관광객은 계속 늘고 있다. 2020년에는 약 2천만 명이 넘을 것으로 예상하고 있다. 그러나 숙박 시설 부족이 큰 문제로 대두되고 있다. 그러한 이유로 이웃 일본으로 관광객들이 발길을 돌리고 있다고 하니, 숙박 시설 확보를 위한 규제 완화가 절실히 필요하다.

마침 정부가 규제 완화의 일환으로 학교 인근에도 유흥 시설이 없는 호텔 설립을 허용하는 방안을 내놓았다. 2012년 특별법을 시행해 2015년까지 호텔과 대체 숙박 시설을 공급하기로 한 것이다.

물론 반대의 목소리도 크다. 호텔이 건립되면 유흥 시설이 들어서지 않을 수 없다는 우려 때문이다. 그러나 관광 숙박 시설 확충을 위한 정부 방안이 통과되면 약 1조 원의 경제 효과와 3만 개의 일자리를 창출할 수 있다고 한다. 외국에서도 학교 근처에 깔끔하고 가격도 적당한 숙박 시설을 종종 찾아볼 수 있다고 한다. 따라서 철저하게 관리 감독을 한다면 학교 주위에 호텔을 건립하는 방안도 적극 검토할 필요가 있다고 생각한다.

숙박 시설이 부족하다 보니 오피스텔을 불법으로 운영하다가 적발되는 사례도 늘고 있다. 지금부터라도 정부에서는 보다 좋은 관광 숙박 시설을 늘려 관광객들이 만족할 만한 서비스를 받게 해야 할 것이다.

엄마의 논술 교실 ❺ 문제 제기하는 방법

서론을 쓸 때 가장 많이 등장하는 것이 문제 제기야.
논술 실력 차이도 바로 이 문제 제기에서부터 난다고 할 수 있어.
왜냐하면 문제 제기에는 글쓰는 이의 생각이 담겨 있기 때문이야.
그 만큼 문제 제기는 중요해.
문제를 제기할 때는 문제점을 찾아서 대처해야 해.
그런데 정우의 글에서는 이러한 문제 제기가 보이지 않아.
그저 숙박 시설에 반대한다는 이야기만 있어. 그에 비해 소현이는
말하고자 하는 문제에 대한 의식이 분명하게 드러나 있어.
이처럼 문제 제기를 확실히 하면 서론을 쓰는 것도 그리 어렵지 않을 거야.

문제 제기는 왜 하는 걸까

① 문제 제기가 확실하면 글도 확실해져
문제 제기는 자기 주장이라고 할 수 있어. 따라서 내가 주장하고 싶은 것을 문제 제기하면 내용도 확실해질 수 있지.

② 근거를 들기 편해
주장을 뒷받침해 주는 것이 근거야. 내 주장에 힘을 실어 상대를 설득하는 중요한 도구라고 할 수 있지. 문제 제기를 확실히 해두면 문제에 대한 근거만 들면 되니까 자연히 글을 쓰는 것도 편해져.

어떻게 해야 할까

① 독창적으로 제기하자
논술을 쓰다 보면 뻔한 주제, 또는 뻔한 주장이 있어. 그런 글은 재미도 없고 뻔하게 전개되기

때문에 결과도 뻔해. 너무나 상투적인 말은 문제 제기로서 의미가 없어.

② **논리적으로 생각하자**
논리적 사고는 이치에 맞게, 모순이 없게 생각하는 것을 말해. 그리고 문제를 발견하고 해결하는 과정을 뜻하기도 해. 문제를 올바르고 객관적으로 파악해서 좋은 해결책을 찾기 위해서는 논리적 사고가 반드시 필요하단다.
논리적 사고를 키우기 위해서는 사물과 현상을 원인과 결과의 관계 속에서 파악하고 적당한 논거를 찾는 훈련이 필요해.

③ **독창적으로 생각하자**
논리적 사고에 독창적인 사고를 더한다면 금상첨화라고 할 수 있어. 독창적 사고는 근거를 갖추면서도 다른 사람과 다른 생각을 한다는 뜻이야. 다른 사람들이 흔히 제시하지 않는 논거를 제시하고 독창적인 방법으로 문제를 해결한다면 보다 참신하고 멋진 글이 될 수 있어.

무엇을 해야 할까

① **사고력 훈련을 하자**
논술은 자신의 생각을 쓰는 글이야. 그렇기 때문에 생각하는 힘, 다시 말해 사고력이 중요해. 논술을 잘하기 위해서는 사고력 훈련이 필수라고 할 수 있어. 여러 가지 방면에서 다양한 생각 훈련을 해 보는 것이 좋아.

② **배경 지식을 키우자**
주어진 논제에 대해 이해를 하려면 배경 지식이 풍부해야 해. 그래야 어떤 주제로든 논술을 쓸 수 있고, 문제를 분석하는 능력도 키울 수 있어. 배경 지식을 키우기 위해서는 독서가 가장 좋아.

③ **비판적인 사고력을 키우자**
내 주장을 펴기 위해서는 비판하는 능력도 중요해. 제시된 논술 문제의 내용을 정확하고 타당성 있게 판단하고 이해해야 하기 때문이야.
비판적 사고를 키우기 위해서는 사실과 의견을 구별하고, 근거를 들어 의견을 주장하고 평가해야 해.

네가 나냐, 내가 너냐?

"아, 정말 손오공의 털이라도 있었으면 좋겠다."

논술 수업을 하러 온 정우가 가방을 책상 위에 휙 던지며 말했다.

"손오공 털로 뭐하게?"

민준이가 묻자 소현이가 한심하다는 듯이 말했다.

"손오공처럼 털로 여러 명을 만들고 싶다는 얘기잖아. 손오공 안 읽어 봤어? 책 좀 읽어라, 책 좀."

소현이의 핀잔에 민준이가 입술을 삐죽 내밀었다.

"그러면 그렇다고 말하면 되지 손오공 털 얘기는 왜 해, 헷갈리게."

소현이는 민준이는 본 체도 안 하고 정우에게 말했다.

"무슨 일 있어? 뭐가 그렇게 바빠서 그래?"

"아니, 내일 학원도 가야 하고 숙제도 해야 하고, 게다가 오늘은 작년에 같은 반이었던 은호 생일 파티에도 가야 하거든. 손오공 털로 여러 명 만들어서 한 명은 학원에 보내고 한 명은 숙제하라고 하고, 나는 은호 생일 파티에 가게."

소현이가 조금 아쉽다는 듯이 말했다.

"하긴, 학교에 학원에… 우리가 놀 시간이 부족하기는 해."

"노는 것보다 은호 엄마 음식 솜씨가 끝내 주시거든. 특히 떡볶이가 예술이야. 납작만두에 튀김까지 범벅을 해 주셔서, 쓰읍~!"

"역시 또 먹는 것 때문이구나, 쯧쯧."

소현이가 어이없다는 듯이 혀를 찼다.

"가만, 그거 정말 괜찮은 생각이다. 나도 나를 여러 명 만들어서 한 명은 학교에 보내고 한 명은 학원에 보내고 나는 집에서 놀고……."

"그치? 가짜들한테는 힘들고 하기 싫은 거 하라 하고, 나는 먹고 놀고 그러는 거야."

"시험도 가짜가 보고 혼나는 것도 가짜가 혼나고. 야, 박정우. 너 천잰데?"

민준이와 정우의 이야기를 듣고 있던 소현이는 고개를 가로저었다.

"어이구, 생각하는 거 하고는. 그러면 학교에서 친구랑 노는 애는 너냐, 가짜냐? 학교에서 놀다가 친구가 '우리 집에 놀러 와' 하면 네가 갈거야, 가짜가 갈 거야?"

"음, 그 때는 진짜인 내가 가지."

"가짜가 친구하고 뭘 하고 놀았는지 어떻게 알아? 그리고 그 동안 가짜는 뭐하고?"

그러자 민준이와 정우가 멍하니 서로 바라보았다.

"그러게. 가짜를 놀게 할 수는 없잖아."

"너희들, 학교에 안 가면 공부는 어떻게 할 거야?"

"공부는 가짜가 하면 돼."

민준이가 말했다.

"그러면 가짜가 공부해서 중고등학교에 가고, 대학교 졸업하고 취직했어. 그러면 그게 너야, 가짜야?"

소현이 말에 민준이와 정우는 꿀먹은 벙어리가 되었다.

"소현이 쟤는 생각하는 게 꼭 저러냐. 그냥 재미로 그랬으면 좋겠다는 거지."

정우가 투덜거렸다. 그 때 민준이 엄마가 방으로 들어왔다.

"뭐가 그리 재미있어?"

"선생님, 민준이랑 정우가 자기들이 여러 명이었으면 좋겠대요. 그러면 힘들고 어려운 일은 가짜한테 시키고 자기들은 놀고먹겠대요."

민준이와 정우가 소현이를 노려보았다. 소현이가 혀를 날름 내보였다.

"음, 선생님도 그랬음 하는 때가 있는데. 민준이 숙제도 봐 줘야지, 그 다음에 바로 복습이랑 예습할 수 있게 교과서랑 문제집 준비해야지, 학원 숙제도 체크해야지……."

"그만요!"

민준이가 두 손으로 귀를 막았다.

"그냥 엄마는 한 명으로 족해요."

아이들이 민준이와 민준이 엄마를 보고 웃었다.

"그런데 실제로 복제 인간을 만들 수 있지 않아요?"

정우 말에 민준이 엄마가 고개를 끄덕였다.

"가능성이 아주 없지는 않지. 대표적인 예로 장기 이식 같은 문제를 해결하기 위해 복제 인간의 필요성을 말하는 사람도 있어."

"그러면 장기 이식만을 위해 또다른 나를 만든다는 거예요? 말도 안 돼. 그러면 그 후 복제 인간은 어떻게 되는 거예요?"

소현이 말에 민준이 엄마가 안타까운 듯이 말했다.

"그래서 복제 인간에 반대하면서 유전자 연구 자체를 거부하는 사람도 있어."

"에이, 그건 좀 지나쳐요."

정우가 반대 의견을 내놓았다.

"그렇잖아요. 복제 인간 연구만을 위한 것도 아닌데 유전자 연구 자체를 거부하는 건 옳지 않은 것 같아요. 유전자 연구로 식량 문제도 해결할 수 있고 그렇잖아요."

정우 말에 민준이 엄마는 활짝 웃으면서 말했다.

"그러면 오늘은 복제 인간에 대해 써 보자. 이번에도 찬성인지 반대인지 자신의 의견을 쓰면 되겠다. 자, 시작!"

복제 인간에 대한 자신의 의견을 쓰시오.

> 인류를 위해 존재해야 하는 복제 인간

정우의 논술

아직도 많은 불치병들이 인류를 괴롭히고 있다. 이 문제를 해결해 줄 수 있는 것이 바로 유전 공학이다. 복제 인간을 통해 현대 의학으로 고치지 못하는 불치병이나 난치병 치료는 물론, 장기 이식 수술도 할 수 있다. 아직 인간 복제가 가능할지 여부는 아무도 모른다. 그런데 일어날지 안 일어날지 확실하지도 않은 것을 가지고 미리 차단하는 것은 마치 '구더기 무서워 장 못 담그는' 격이다.

지구는 한정된 공간이다. 인류는 계속 늘어나고 있다. 게다가 환경 오염 등으로 인류가 건강하게 살 수 있는 공간이 점점 사라지고 있다. 결국 식량도 부족하게 될 것이다. 이러한 생각은 우주로 눈을 돌리게 하였다. 화성에서 인간이 살 수 있는지 없는지에 대한 이야기를 많이 한다. 사람이 살 수 있는 행성을 찾아 우주선을 쏘아올리고 있다. 또한 우주 정거장을 만들어 인간이 우주에서 살 수 있는 방법 등을 연구하고 있다. 그러나 우주 연구에 필요한 비용은 어떻게 감당할 것이며, 인간이 살 수 있는지 없는지 불확실한 것에 희망을 걸기에는 비관적이라고 생각한다. 그것보다는 어느 정도 확률이 조금 더 있는 유전 공학 쪽으로 가야 할 것이다.

유전 공학으로 식량 부족을 해결하고 죽어가는 사람들을 살릴 수 있는데도 불구하고, 인간 복제가 윤리적인 문제를 가져올 수도 있다며 유전 공학 연구에 반대하는 처사는 이해할 수 없다.

> 생명 윤리를 거스르는
> 복제 인간에 반대한다

소현의 논술

100세 시대를 앞두고 건강하게 오래 사는 법에 대한 관심이 커지면서 유전자 연구도 활발해지고 있다. 다양한 질병을 치료하고 식량 문제도 해결할 수 있다고 한다. 그러나 우리는 보다 신중하게 유전 공학에 대해 생각해야 한다.

복제 인간이 가능하게 된다면 인류는 복제 인간을 소모품이나 대리품으로 생각할 위험이 크다. 복제 인간도 인격을 가진 생명체이다. 만약 복제 인간을 인류의 질병이나 장기 이식을 위한 상품 정도로 생각한다면 인간의 존엄성이 훼손되고 생명이 경시되는 윤리적인 문제가 발생한다.

또한 대부분의 생명체는 오랜 시간에 걸쳐 환경에 적응하며 진화해 왔다. 하지만 복제 인간은 유전적으로 진화를 방해하고 질병에 취약하다는 문제점이 있다. 그리고 복제양 돌리가 탄생하기까지 무려 250여 회의 실험에 실패했다고 한다. 그 만큼 아직은 기술적 위험성이 여전히 남아 있다. 오히려 기형이나 일찍 사망할 수도 있다고 하니 생명의 희생 없이 복제 인간은 탄생하기 어렵다.

과학과 의학은 나날이 발전하고 있다. 예전에는 치료 불가능했던 병도 요즘은 완치되는 경우가 많고, 인공 장기의 기술도 나아지고 있다. 그렇기 때문에 굳이 윤리적, 도덕적인 문제점을 안고 복제 인간을 만드는 데에는 반대한다.

엄마의 논술 교실 ❻

본론은 본격적으로 내용이 시작되는 부분이야.
문제는 자신의 주장을 얼마나 잘 정리하느냐에 있어.
또한 서론과 잘 연결지어야 하지.
정우는 서론에서 유전 공학에 대한 이야기를 할 것으로 보였는데,
본론에서 유전 공학 이야기를 하다가 우주로 빠지고 말았어.
소현이는 서론과 본론 내용이 잘 이어졌을 뿐만 아니라
결론까지 잘 마무리지었어.
좀더 알찬 본론을 쓰려면 어떻게 해야 하는지 알아보자.

 본론에는 무엇을 써야 할까

① 내 주장을 쓰자
서론이 무엇에 대해 쓸 것인지 밝히는 단계라면, 본론은 그 '무엇'에 대해 쓰는 거야. 자신의 주장과 의견을 밝히되 타당한 근거를 들어 증명해야 해.

② 서론이나 결론보다는 많이 써야 해
논술은 서론, 본론, 결론으로 나뉘어. 그 가운데 가장 많은 분량을 차지하는 것이 본론이야.

조심해야 할 점

① 개요를 다시 보자
본문은 미리 짜놓은 개요에 따라 써내려가야 해. 그러니까 개요를 제대로 해놔야 본문도 제대로 쓸 수 있겠지.

② 일관성이 있어야 해
본론은 서론 및 결론과 일관성 있게 이어져야 해. 특히 서론에서 제시한 범위에서 벗어나지 않도록 주의하자.

③ 좋은 생각이라도 버려야 할 때가 있어
중간에 아무리 좋은 생각이 떠올라도 서론에서 말한 논제와 관련이 적다면 버려야 해. 그렇지 않으면 서론과 어울리지 않는 본론이 되고, 그러면 결론도 제대로 끌어낼 수 없단다.

④ 논리가 있어야 해
논술에 논리가 빠질 수 없지. 개요 짜기부터 주제 설정, 글쓰기 모두 일관성 있게 논리를 전개해야 해. 얼마나 타당한 논거로 뒷받침하느냐에 따라 본론이 잘 쓰였는지 알 수 있어.

⑤ 모두가 아는 것이어야 해
주장이나 의견을 펼 때 누구나 공감할 수 있는 논거를 제시해야 해. 혼자만 알고 있는 논거는 설득력이 떨어져. 신뢰할 만한 기관이나 언론사의 자료 등 누구나 납득할 수 있는 논거를 찾도록 하자.

제대로 된 본론 쓰기

① 짜임새를 갖추자
일단은 짜임새가 중요해. 그러려면 문단 구성을 잘해야지. 주장할 내용을 간단하게 정리해서 한 단락에 하나씩 배치하는 거야. 각 문단이 논리적인지 확인하는 것도 잊지 말고.

② 시간 순서대로 이끌어가자
어떤 사건을 정리하는 거라면 시간 순서대로 가는 게 편리해. 이리저리 왔다갔다 하면 글쓰는 이나 읽는 사람이나 헷갈리니까 말이야.

③ 분량에도 신경쓰자
서론, 본론, 결론 가운데 가장 분량이 많은 것이 본론 부분이야. 본론의 분량이 적으면 서론이나 결론만 도드라진 글이 될 수 있어. 게다가 내 주장이 무엇인지 제대로 전달도 못하고 글이 시작되었다가 바로 끝나 버리는 느낌을 줄 수 있단다.

9시 등교의 트래픽잼

"으갸갸갸, 얼른 내려와라, 얼른~!"

민준이가 발을 동동 굴렀다. 민준이네 집은 아파트 15층이다. 엘리베이터가 올라오는 것을 보고 버튼을 눌렀는데, 15층을 지나서 22층까지 올라갔다.

다시 내려와 15층에서 멈춘 엘리베이터는 13층과 10층에서, 7층에서 또 멈췄다. 중고등학생 그리고 초등학생으로 엘리베이터가 꽉 찼다. 마지막으로 3층에서도 멈추었다.

'3층 정도는 걸어서 내려가도 되잖아. 늦었는데 자꾸 층층이 서면 어쩌라는 거야.'

투덜대던 민준이는 엘리베이터가 1층에서 멈추자 총알처럼 튀어나갔다. 간신히 시간에 맞춰 교실로 들어선 민준이가 숨을 몰아쉬었다.

"헉헉, 아침 먹은 게 다 소화됐겠다."

앞에 앉은 소현이가 뒤돌아보며 말했다.

"그러게 조금만 서두르지 그랬어? 5분만 서둘러도 될 것을 왜 만날 뛰어오나 몰라."

"중고등학교 형, 누나들도 9시까지 학교에 가니까 엘리베이터가 밀려. 너야 5층에 사니까 걸어서 다녀도 되잖아. 나는 15층에서 내려와야 한다고."

민준이가 한숨을 푹 쉬며 말했다.

"그래도 나는 아침밥 먹을 시간이 많아서 좋더라. 오늘도 두 그릇 먹었지!"

정우가 자신의 배를 통통거리며 말했다.

"나도 아침에 여유가 있어서 좋아."

소현이가 말했다.

"에휴, 어쨌든 나는 9시 등교나 아니나 똑같아. 아침에는 여유가 없어."

그 날 오후, 민준이 집에서 논술 수업 보충이 있는 날이었다.

"어? 민준이는 어디 갔어요?"

민준이네 집에 온 아이들이 민준이를 찾았다.

"응, 학원에 갔다. 한 10분 뒤면 도착할 거야. 날짜를 마음대로 바꿔서 미안해. 지난 주에 갑자기 원고가 밀려서 어쩔 수가 없었어."

민준이 엄마가 미안한 듯이 말했다.

"대신 크로켓!"

민준이 엄마가 간식을 내밀자 소현이와 정우는 활짝 웃었다.

"우와, 그 때 그 집 크로켓이에요? 진짜 맛있었는데. 잘 먹겠습니다."

"민준이가 진짜 좋아하는 거잖아요. 우리가 먼저 먹은 걸 알면 난리나겠네."

그렇게 소현이와 정우가 크로켓 하나를 거의 다 먹어갈 때쯤 민준이가 도착했다.

"다녀왔… 어, 너희들 뭐 먹어?"

민준이가 정우와 소현이를 보고 버럭 소리쳤다.

"네 것도 남겨놨어, 어서 먹어."

정우가 민준이 몫을 주자, 민준이 엄마가 곤란한 듯이 말했다.

"이런, 벌써 수업 시작할 시간이네. 민준이는 수업 끝나고 먹자."

"엄마!"

민준이가 또 소리를 질렀다.

"배고프단 말이에요. 5분, 아니 3분만에 먹을게요, 제발."

정우와 소현이도 민준이를 거들었다.

"네, 선생님. 민준이는 아마 1분이면 먹을 걸요? 조금 늦게 끝나도 돼요. 소현이 너는?"

"응, 저도 괜찮아요. 민준이, 저러다가 울겠어요. 먹고 시작해요."

친구들 덕분에 민준이는 그렇게 좋아하는 크로켓을 먹고 수업할 수 있었다.

"그런데 학원 수업이 왜 지금 끝나? 좀더 일찍 끝나지 않았어?"

정우 말에 민준이가 짜증나는 듯이 말했다.

"다 9시 등교 때문이야. 하교 시간이 늦어지면서 학원 시간도 늦어지고, 하마터면 이 크로켓도 못 먹을 뻔했어."

민준이는 분하다는 듯이 마지막 크로켓을 우적우적 씹었다. 입 안의 크로켓을 꿀꺽 삼킨 민준이가 봇물 터지듯이 불평을 쏟아냈다.

"9시 등교는 불편하기만 해. 다들 9시까지 등교하다 보니까 엘리베이터도 붐벼~ 학교도 늦게 끝나~ 학원도 늦게 끝나~. 좋은 게 하나도 없어."

"왜, 아침밥 많이 먹고 올 수 있잖아."

정우 말에 민준이가 말했다.

"9시 등교 아닐 때는 밥 안 먹었냐?"

"음… 그건 아니지만."

정우가 곰곰이 생각하고는 말했다.

"그래도 나는 아침에 여유가 있어서 좋더라. 중학생 언니랑 같이 등교하는 것도 좋고, 잠이 덜 깬 상태로 오는 일도 없고. 어쨌든 좋아."

"난 싫다고, 싫어. 대체 누구를 위한 9시 등교냐고."

민준이가 계속 짜증을 내자 민준이 엄마가 말했다.

"그러면 오늘은 9시 등교에 대한 글을 써 보면 되겠다."

"네, 저 쓸 말이 아주 많아요. 시작해도 되죠?"

민준이가 가장 먼저 공책을 펼쳤다.

아침 9시 등교에 대한 자신의 의견을 쓰시오.

9시 등교에 반대한다

민준의 논술

2014년부터 경기도 내 초중고교 아침 등교 시간이 9시로 정해졌다. 아침에 여유있게 가족과 식사를 하자는 목적을 가지고 시행중이다. 2015년부터는 시울시도 시행할 거라고 한다.

그런데 문제는 모든 학생들이 9시에 맞춰 등교를 한다는 것이다. 9시에 맞춰 등교를 하다 보니 초중고생의 등교 시간이 겹쳐 혼잡스럽다. 차가 막히듯이 엘리베이터가 막혀 아침마다 전쟁이다. 그리고 수업이 늦게 시작되는 만큼 끝나는 시간도 늦어진다. 자연히 학원 가는 시간도 늦어졌다. 결국 아침밥 때문에 내 생활이 밀려서 저녁식사 시간이 애매해진 것이다.

또한 중고생들은 여유있는 아침이 아니라 더욱 바쁜 아침을 보내고 있다. 우리 윗집 형은 중3인데, 7시 반에 새벽반 영어 학원에 갔다가 학교에 등교한다고 한다. 오히려 9시 등교 이전 때가 아침이 덜 피곤하다고 한다. 이렇다면 굳이 9시까지 등교하라고 할 필요가 없지 않은가.

아침을 먹고 여유롭게 아침을 시작하라는 취지라고는 하지만 솔직히 나는 그 시간에 잠을 더 잔다. 그것은 아마 대부분의 학생이 그럴 것이다.

"9시 등교에 찬성한다"

소현의 논술

흔히 아침밥은 보약이라고 한다. 아침을 든든하게 먹으면 수업 시간에 집중도 잘 되고 기억력도 좋아진다. 또한 면역력도 좋아진다고 한다. 그런데도 2014년 보건복지부 발표에 의하면 청소년 10명 가운데 3명은 아침밥을 먹지 않고 등교한다고 한다. 그 이유는 등교 시간 때문이다.

그래서 2014년부터 경기도를 시작으로 9시 등교제가 확대되고 있다. 초중고생들은 무엇보다 아침 식사를 할 시간이 생겨서 좋다고 한다. 또한 여유있게 아침을 시작할 수 있어서 지각하는 일도 적고 수업 시간에 금방 집중할 수 있어서 좋다.

실제로 경기도 교육청에 따르면 9시 등교제 실시 이후 학생들의 건강에 긍정적인 결과를 가져왔다고 한다. 수면 시간도 증가하고 아침 식사하는 비율도 늘어났으며 무엇보다 부모님과 대화 시간도 늘었다고 한다. 또 아침에 자기주도학습을 하는 학생도 증가했다고 한다.

맞벌이 부부의 경우 출근 시간 때문에 9시 등교에 반대한다고 한다. 하지만 아침에 학교 돌보미가 배치되어 있고, 선생님들 역시 똑같은 시간에 출근한다. 만약 스포츠 동아리나 도서관 같은 세이브 존을 갖춘다면 9시 등교로 모든 학생과 학부모들이 즐겁고 건강한 학교 생활을 할 수 있을 것이다.

 **엄마의 논술 교실 ❼**

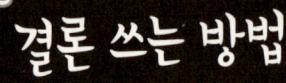 **결론 쓰는 방법**

민준이와 소현이의 9시 등교에 대한 입장이 아주 팽팽하네. 서로 견해도 확고하고 말이야. 처음 글을 여는 것도 좋고 자신의 주장을 펼친 것도 좋았는데, 민준이는 결론 부분이 약해. 결론은 글을 끝맺는 부분이야.
하고자 하는 이야기가 압축되어 제시되어야 하지.
그런데 민준이는 자신의 생각을 쭉 나열만 하고 끝을 맺지 못했어. 반면에 소현이는 '그러므로 어떻게 해야 한다'는 방법까지 제시하는 완벽한 마무리가 되었구나.

결론에는 무엇을 쓸까

① 본론과 똑같은 주장이어야 해
서론에서 이야기도 잘 이끌어내고 본론의 자기 주장도 확실한데 결론에서 다른 이야기를 하면 글이 무너지고 말아. 앞뒤가 서로 안 맞는다면 올바른 글이라고 할 수 없어.

② 주제를 강조해야 해
서론이 문제 제기라면 결론은 질문에 대한 대답을 하는 부분이야. 그렇기 때문에 앞에서 다룬 내용을 요약하고 주제를 다시 강조하는 느낌이 들도록 써야 해.

③ 반복은 피해야 해
주제를 강조한다고 똑같은 말을 반복해서는 안 돼. 그리고 정말 필요한 말만 간추려서 쓰는 거야. 결론을 잘못 쓰면 글 전체의 일관성이 무너질 수도 있어.

결론을 어떻게 쓸까

① 주장을 확실히 해
결론은 본문을 요약하고, 논제의 성격에 따라 글쓴이의 결심이나 행동 그리고 문제 해결 등에 대한 방법을 덧붙여야 해.

② 메모를 해 두어야 해
결론은 쓰다 보면 정리되는 것이 아니야. 개요를 짤 때 미리 결론에 쓸 사항들을 메모해 두는 것이 좋아. 그러면 서론, 본론을 결론의 흐름으로 끌고갈 수 있어.

③ 지나친 것은 늘 위험해
결론에서 자신의 주장을 확고하게 해야 해. 그렇다고 독선적인 주장을 내세워서는 안 돼. 당당하되 겸손하게! 읽는 사람을 훈계하듯이 맺는 것도 좋은 결론이라고 할 수 없어.

④ 뜬금없는 이야기는 하지 말자
결론에서 새로운 이야기를 꺼내면 안 돼. 마지막에 좋은 생각이 났다고 해도 본론에서 다루지 않은 내용을 끌어들이면 역효과가 날 수 있단다.

⑤ 방법을 제시해야 해
결론에는 자기 주장이나 목표만 내세우지 말고 방법을 제시해야 해. 구체적으로 목표를 이룰 수 있는 수단과 방법을 제시한다면 완벽한 결론이 될 거야.

결론은 어떻게 마무리할까

잘 써 놓고 마지막 결론을 어떻게 써야 할지 모르겠다면 다음과 같은 방법을 써 보렴.
① 자신의 감상이나 의견으로 끝맺는다
② 반성이나 결의로 끝맺는다
③ 제안이나 요구로 끝맺는다
④ 감탄이나 의문으로 끝맺는다
⑤ 해석이나 판단으로 끝맺는다
⑥ 서두와 대응시켜 끝맺는다
⑦ 속담, 격언, 명문구로 끝맺는다.

원자력 발전소

"어휴, 더워. 엄마! 에어컨, 에어컨!"
학교에서 돌아온 민준이가 에어컨 앞으로 달려갔다. 뒤따라 들어온 정우와 소현이도 가방을 벗어던지고 에어컨 앞으로 모였다.
"와, 오늘 진짜 덥다. 완전히 구워지는 줄 알았어."
"아마 오늘은 달걀을 밖에 두면 금방 익을 거야."
이리저리 에어컨 리모컨을 찾던 민준이가 짜증을 냈다.
"도대체 리모컨은 어디에 있는 거야, 더워 죽겠는데."
그 때 민준이 엄마가 얼음이 가득 든 주스를 내왔다.
"아이고, 호들갑은. 입에서 땀나겠다. 주스들이나 마셔."
"선생님, 에어컨은요? 네~ 에어컨 좀 틀어 주세요."
정우 말에 엄마는 선풍기의 바람 세기를 올렸다.

"가만~히 있으면 괜찮아. 선풍기 바람이랑 주스만 있으면 가만~히 있어도 추워."

"에이, 추운 정도는 아니네요."

소현이가 웃으며 말했다. 그 때였다. 아파트 안내 방송이 울렸다.

"아아, 관리사무소에서 안내 방송 드립니다. 연일 계속되는 불볕더위로 전기 사용량이 늘고 있습니다. 각 가정에서는 사용량이 가장 많은 12시부터 2시까지 전기 사용을 자제해 주시기 바랍니다."

안내 방송을 듣고 정우가 기가 막힌다는 듯이 말했다.

"가장 더운 12시부터 2시까지 전기를 사용하지 말라니, 말이 돼? 쪄죽으라는 거야, 뭐야?"

그러자 소현이가 얼음을 깨물어 먹으면서 말했다.

"다 같이 불편해도 좀 아끼자는 거지. 그리고 선생님 말씀처럼 주스 마시면서 선풍기 바람 쐬니까 참을 만하네 뭐."

"근데 우리만 아끼면 뭐해? 다른 집은 다 에어컨 빵빵하게 틀 텐데."

민준이 말에 소현이가 말했다.

"네가 어떻게 알아? 그리고 그렇게 집집마다 에어컨 빵빵하게 틀면 정전될 수 있어. 작년 여름에 그랬잖아. 아파트 단지마다 돌아가며 정전되고 말이야."

"그래서 원자력 발전소를 지어야 해."

정우가 주스를 한꺼번에 다 마시고 말했다.

"원자력 발전소? 그건 아니지. 아껴 쓰면 되는데 왜 굳이 위험한 원자력 발전소를 세워?"

 소현이가 절대 안 된다고 했다.

"원자력 발전소가 있으면 전기를 많이 만들 수 있어?"

 민준이 말에 정우가 신이 나서 말했다.

"응, 그것도 다른 발전소보다 싸게 전기를 많이 만들 수 있대. 원자력은 화력 발전소처럼 대기 오염도 없고 사고도 적대. 화력 발전소는 석탄을 태우는데, 석탄은 매장량이 한정되어 있기 때문에 언제 사라질지 모르잖아. 그러니까 그 전에 빨리 대책을 세워야 한다고."

 이번에는 소현이가 반박했다.

"싼 데는 다 그 만한 이유가 있어. 원자력 발전소가 얼마나 위험한데. 지난 번에 쓰나미 때문에 일본 원자력 발전소가 파괴되고 방사능이 유출돼서 난리도 아니었잖아. 사고율이 적긴 하지만 원자력 발전소 사고는 비행기 사고랑 비슷해. 비행기 사고는 자주 일어나진 않지만 일단 일어났다 하면 거의 살아남기 힘들잖아. 원자력 발전소도 마찬가지야."

"그렇다고 이대로 가면 전기 사용량을 따라갈 수 없다고. 정전이 되면 얼마나 많은 피해를 입는지 알아? 우리 아빠 친구 분은 주식 거래하는 사이에 정전이 돼서 몇 천만 원 손해봤대. 지난 여름에 정전되었을 때도 엘리베이터에 사람 갇히고 난리도 아니었잖아. 우선은 전기 공급에 차질이 없어야 해."

 정우도 지지 않고 말했다. 민준이가 신기한 듯이 바라보았다.

"우와, 박정우. 너 대단하다. 언제 그런 것을 다 알았냐? 심지어 똑똑해 보이기까지 해."

"뭐~ 여름에 고기 구워 먹는데 정전되면 얼마나 짜증나는데. 불판은 뜨겁지 에어컨은 안 나오지. 진짜 찜질방 같더라."

정우가 꽤 심각하게 말했지만 소현이와 민준이는 픽, 웃고 말았다.

"결국엔 또 먹는 얘기로군."

"어쨌든! 원자력 발전소는 있어야 해. 대를 위해 소가 희생해야지."

정우 말에 소현이가 고개를 저었다.

"무슨 소리야. 사람 목숨이 어떻게 소가 될 수 있어. 원자력 발전소 근처에 사는 사람들은 질병에 시달린다고 하잖아."

"그래도 나라 전체가 전기가 부족해서 모든 것이 정지된다면 그 피해는 더 커. 생각해 봐. 우리 주위에 전기 없이 돌아가는 게 있나. 그 때 가서 땅을 치며 후회해 봤자 소용없어."

정우와 소현이의 대화를 민준이 엄마는 흐뭇하게 바라보았고, 민준이는 복잡하다는 듯이 고개를 가로저었다.

"거참, 어렵네. 소현이 말이나 정우 말이나 다 일리는 있는 것 같은데……."

그러자 민준이 엄마가 말했다.

"그러면 글로 정리해 보자. 너희들이 아는 지식을 가지고 의견을 쓰는 거야. 오늘 논술 주제는 쉽게 정해졌네?"

민준이 엄마의 말이 떨어지자마자 아이들은 각자의 생각을 공책에 적어나갔다.

원자력 발전소 건립에 대한 자신의 의견을 쓰시오.

원자력 발전소 건립에 찬성한다

정우의 논술

해마다 여름이면 전기가 부족하다고 난리다. 그래서 원자력 발전소를 더 세워 부족한 전기를 공급하자고 한다. 그런데 원자력 발전소에 대해 이런저런 말들이 많다. 원자력이 위험하다고 하지만 현재는 원자력만이 해결책이라고 한다.

원자력 에너지는 연료비가 싸다고 한다. 우라늄 1g으로 석탄 3t이 있어야 얻을 수 있는 에너지를 만들 수 있다니 꽤 싼 편이다. 게다가 석탄은 한정되어 있어 언젠가는 고갈될 것이다. 그래서 원자력 에너지를 개발해야 한다는 의견이 많다. 그리고 원자력 발전소는 화력 발전소처럼 온실 가스를 만들지 않기 때문에 환경 보호에도 도움이 된다고 한다. 원자력 발전소보다는 화력 발전소에서 다치거나 죽는 사람이 더 많다고 하니까 원자력 발전소가 더 위험한 것은 아니라고 한다.

원전이 없으면 이제 전기가 모자란다고 한다. 그렇기 때문에 새로운 에너지를 개발할 때까지는 원자력 발전소를 유지해야 한다고 한다. 원자력 발전소가 있으면 자체 에너지를 생산할 수 있고 에너지 자립국이 될 수도 있다고 하니 전기를 수입하지 않아도 될 것 같다.

> 원자력 발전소 건립에 반대한다

소현의 논술

여름이 되면 마치 기록 경쟁이라도 하듯 전력 수요 최고치를 경신하고 있다. 이에 부족한 전기를 원자력 발전소를 건립하여 공급하자고 한다. 하지만 당장 급하다고 해서 원자력 발전소를 건립하겠다는 발상은 바람직하지 않다고 생각한다.

원자력 발전소는 사고가 나면 그 피해가 엄청나다. 1968년 구소련의 체르노빌 원자력 발전소 사고로 100여 개 마을이 폐쇄되고 아직도 그 후유증이 많이 남아 있다. 사고율이 낮다고 해도 일단 사고가 나면 피해는 걷잡을 수 없을 만큼 크다는 점을 알아야 한다.

또한 원자력 발전소의 폐기물 처리에 대해서도 생각해야 한다. 폐기물을 처리하는 데 100만 년이나 걸리고, 폐기물 시설을 건설하고 유지하는 데 엄청난 온실 가스가 발생한다고 한다. 아무리 싸게 전기를 공급할 수 있다고 해도 장기간 비용을 지불해야 한다면 결코 경제적이지 않다. 그리고 원자력 발전소 부근에 사는 주민들의 건강 문제에 대해서는 꾸준히 보고가 되고 있다. 아무리 싸다고 해도 사람의 목숨과 전기를 바꿀 수는 없다.

2012년 기준으로 전 세계 원자력 발전소는 431기로 2001년에 비해 많이 감소했다. 이것만 봐도 원자력 발전소의 안전성 등에 대한 우려가 깊다는 것을 알 수 있다. 싸다고 성급하게 원자력 발전소를 지을 것이 아니라 원자력 발전소의 위험성을 알고 의존율을 낮출 필요가 있다.

엄마의 논술 교실

사실과 의견 구분해서 쓰기

'사실'이란 실제로 있었던 일이나 지금 있는 일을 말해.
'의견'은 어떤 대상이나 현상에 대한 자기 생각을 뜻하고.
설마 사실과 의견을 구분하지 못할까 싶겠지만,
논술을 쓸 때 자칫 저지르기 쉬운 실수란다.
정우의 글은 꽤 많은 정보를 담고 있어. 그런데 정보만 있어.
정보는 사실이야. 그러니까 정우의 의견은 없는 글이지.
그에 비해 소현이는 원자력 발전소에 대한 사실과 함께
자신의 의견도 함께 썼기 때문에
글이 더 힘있고 설득력 있게 느껴지는 거란다.

 사실이란 무엇일까

① **누구나 알고 있는 사실**
사실이란 우리가 직접 겪은 일, 또는 책에서 알게 된 사실이나 다른 사람에게 들은 말도 사실이라고 할 수 있어.

② **사실이 왜 중요할까**
사실이 아닌 것을 가지고 논리적으로 자기 주장을 하기란 어려워. 무엇이 사실이고 무엇이 사실이 아닌지 구분할 수 있어야 해. 그래야 사실에 근거해서 논리적으로 자기 의견을 밝힐 수 있는 거야.

③ **사실과 사실이 아닌 것 구분하기**
이 사실이 맞는 내용인지, 아니면 틀린 내용인지 구분하는 능력이 필요해. 틀린 사실을 근거로 내세우면 논리가 흔들리니까 말이야.

의견은 무엇일까

① 의견은 다 달라
사실은 누가 봐도 똑같아. 하지만 의견은 사람마다 달라. 모두 다른 생각과 느낌을 가지고 있으니까 말이야.

② 의견은 왜 중요할까
이해를 위해 사실이 필요하다면 의견은 주장을 하기 위해 필요해. 사실만 늘어놓기보다는 의견까지 내세우면 상대방을 설득하기가 더 쉬워.

③ 내 생각이면 무조건 옳을까
사실은 정확해야 하고 의견은 타당해야 해. 내 생각과 느낌이라고 해서 다 옳은 것은 아니야. 논술에서는 타당한 근거를 갖춘 다음에 의견을 내세워야 설득력이 있어.

사실과 의견은 왜 중요할까

① 정확한 글쓰기를 위해서
사실인지 아닌지 구분하는 것은 중요해. 사실이 아닌 것을 가지고 자신의 의견을 밝혀 나가기란 어렵단다.

② 읽기 능력을 키우기 위해서
사실과 의견은 글쓰기뿐만 아니라 읽기에서도 중요해. 예를 들어 정치나 경제에 관한 글은 사실에 입각해서 의견을 내놓는 경우가 많아. 특히 신문 사설은 이러한 사실과 의견으로 구분해서 읽으면 글의 주제를 정확하게 인식할 수 있단다.
또한 논술은 주제만 주는 경우도 있지만 때로는 지시문을 주고 지시문에 따른 주제로 논술을 하라는 경우가 있어. 이 경우 누가 정확하게 읽느냐에 따라 좋은 글과 나쁜 글이 될 수 있단다.

③ 사실의 역할
사실은 의견의 근거를 마련하기 위해 사용해. 어떤 통계나 표 등은 사실을 근거로 작성된 거야. 우리는 그 사실을 통해 의견을 내세울 수 있어. 예를 들면, 원자력 발전소의 피해에 대한 통계 자료를 통해 원자력 발전소의 위험성에 대한 자신의 의견을 내세울 수 있겠지.

51구역의 비밀

"어제 뉴스 봤어?"

민준이네 집에 오자마자 소현이가 두 눈을 반짝이며 아이들에게 말했다.

"캬~ 역시 소현이야. 뉴스도 보고 말이야."

민준이 말에 소현이는 입을 샐쭉 내밀었다.

"그만해라. 어제 미국에 UFO가 나타났다는 뉴스 봤냐고. 이번에도 51구역이더라. 정말 미국의 51구역에는 무슨 비밀이 있는 것 같아."

"51구역이 뭐야?"

민준이가 혹해서 물었지만 정우는 콧방귀를 뀌었다.

"외계인 같은 소리하고 있네. 야, 세상에 외계인이 어디 있냐? 그거 다 착시 현상이야. 아니면 지구 주위를 도는 인공위성이거나. 쓸데없는 소리 그만하고 수업 준비나 하자."

정우가 책가방에서 공책과 필통을 꺼냈다.

"51구역이 뭐냐고."

민준이가 다시 물었지만 소현이는 정우 이야기에 말도 안 된다는 듯이 고개를 저었다.

"아니야. 이 넓은 우주에 생명체가 인간밖에 없다는 게 말이 안 되잖아. 화성에도 생명체가 있을 것 같다는 의견도 있고 말이야. 무엇보다 지구에서 인간의 능력 밖의 일들이 많이 일어나고 있잖아."

"51구역이 뭐냐고!"

민준이가 소리치자 그 때서야 소현이가 힐끗 쳐다보면서 말했다.

"미국 네바다 주에 있는 곳인데, 말로는 공군 기지라고 하지만 지도에도 나와 있지 않은 비밀 지역이야. UFO가 자주 나타나는 것으로 봐서는 외계인하고 교류를 하는 곳으로 짐작되는 곳이야."

"하여튼 여자들은 허무맹랑한 것을 잘 믿는다니까."

소현이 이야기를 듣던 정우가 한심하다는 듯이 말했다. 그러자 소현이가 발끈했다.

"무슨 근거로 그런 소릴 하는 거야? 그리고 외계인 얘기를 하는데 왜 여자가 어떻고 저떻고가 나와?"

그 때 민준이 엄마가 방으로 들어왔다.

"뭐가 어떻고 저떻고야? 오늘은 조금 소란스럽네."

수업 시작을 위해 자리에 앉으면서 정우가 말했다.

79

"괜히 말이 막히니까 생떼 부리는 것 좀 봐. 저렇게 우기다가 안 되면 울 거야. 여자애들은 다 그래. 이게 다 피해 의식 때문이라고."

그 말에 민준이 엄마의 표정이 싸늘해졌다.

"정우야, 여자애들이 허무맹랑한 것을 잘 믿니? 생떼도 잘 부리고, 잘 울고?"

민준이 엄마가 물었다. 정우는 고개를 끄덕이며 말했다.

"네. 무슨 점 같은 것도 잘 믿고 미신이나 뭐, 그런 걸 잘 믿어요. 여자들이 원래 그렇잖아요."

정우는 어깨를 으쓱여 보였다.

"도대체 그런 근거가 어디서 나온 건지 모르겠네……."

순간 민준이가 엄마 얼굴을 살피고 정우를 툭툭 쳤다.

"야, 우리 엄마는 그런 말 가장 싫어해. 여자가 어쩌고 저쩌고……."

"어쩌고 저쩌고는 또 뭐야?"

민준이 엄마가 민준이를 쳐다보았다. 민준이는 움찔했지만 정우는 아무렇지도 않은 듯이 말했다.

"선생님도 외계인 믿으시죠?"

"응, 나도 외계인 믿어."

"여자들은 다 그렇다니까. 과학적으로 증명되지 않은 것을 어떻게 믿어요?"

정우는 거 보라는 듯이 말했다. 그러자 소현이가 짜증 섞인 목소리로 말했다.

"그럼 과학적으로 증명되지 않는 것에 대해서는 어떻게 증명할 건데? 외계인이 목격되고 UFO를 본 사람들도 많은데, 그 사람들의 진실은 어떡할 거냐고?"

소현이 말에 정우도 지지 않고 말했다.

"그 사람들이 본 게 진실인지 착각인지 어떻게 알아? 그리고 과학적으로 증명이 안 된 것은 다 외계인 짓이라고 하는 것도 그래. 피라미드며 모아이 석상이며 미스터리 서클 등등 미스터리만 붙으면 다 외계인 짓이래. 그게 말이 되냐? 왜? 갑자기 비가 오고 천둥이 치는 것도 외계인의 소행이라고 하지."

"너 지금 그게 말이 되는 소리냐?"

두 사람의 말을 가만히 듣고 있던 민준이 엄마가 말했다.

"흠, 좋아. 오늘도 두 사람의 의견이 팽팽하네. 그러면 오늘은 외계인에 대한 이야기를 써 보자. 특히 근거를 들어서 써 보는 거야, 알았지?"

민준이 엄마가 말하자 정우가 고개를 갸웃거렸다.

"외계인은 없는데 어떻게 근거를 들라는 거지?"

"없으면 없다는 근거를 들면 되잖아. 우기는 것은 여자애들이 잘한다며? 너는 우기지 말고 잘 설득해 봐."

소현이가 공책을 펴며 말했다. 민준이 엄마도 아무 말 없이 고개를 끄덕였다.

"아, 뭐야. 이렇게 살벌해서 어디 글 쓰겠어?"

민준이가 세 사람의 눈치를 살피며 중얼거렸다.

외계인의 존재 여부에 대한 생각을 근거를 들어 쓰시오.

> 외계인은 존재하지 않는다

정우의 논술

옛날에 마녀 사냥이라는 것이 있었다. 마을에 전염병이 돌거나 흉사가 있으면 아무 여자나 잡아다가 마녀라고 하고는 화형을 시켰다. 과학이 발달한 지금은 그런 일들이 마녀 때문이 아니라는 사실을 알게 되었다.

이처럼 사람들은 자신들이 잘 모르는 일에 대해서는 불가사의한 어떤 힘이 존재한다고 생각해 왔다. 그것이 비과학적이고 허무맹랑하더라도 누군가 그렇다고 하면 다들 그런 것이라고 생각한다.

UFO나 외계인의 존재 또한 그러하다. 가끔 UFO가 나타났다는 이야기가 뉴스에도 나온다. 하지만 우리 아빠 말에 의하면 UFO는 대부분 자연 현상의 착시인 경우가 많다고 한다. 심지어 사람들의 주목을 끌기 위해 가짜로 UFO를 만들어내는 경우도 많다고 한다. 그리고 누군가 말하기를 마음이나 정신이 약한 사람들이 허무맹랑한 것을 잘 믿는다고 한다. 마녀 사냥도 무언가 원인을 찾아서 해결을 해야 하는데 그것을 못하니까 아무나 화형을 시키고 안심하는 것이라고 한다.

UFO는 말 그대로 미확인 물체다. 확인되지 않은 물체라고 해서 무조건 우주에서 왔다는 인식은 옳지 않다. 마녀 사냥이 오늘날에 와서는 얼마나 어리석은 짓이었는지 아는 것처럼 UFO의 정체가 과학적으로 밝혀진다면 사람들은 얼마나 어리석은 착각을 해 왔는지 알게 될 것이다.

외계인은 존재한다

소현의 논술

우주는 그 끝을 알 수 없을 정도로 넓고 태양계 같은 은하계가 수없이 존재한다고 한다. 2015년 2월, 미국 나사와 유럽 공동 연구진은 지구와 비슷한 행성을 5개나 발견했다고 발표했다. 영국 버밍엄대 티아고 캄판테 박사는 워싱턴 포스트와의 인터뷰에서 은하계에 생명체가 존재할 가능성이 크다고 했다. 이렇게 인류는 외계인의 존재를 확인할 수 있는 단계에 한 걸음 더 다가가고 있다.

우리는 UFO의 출현에 대한 보도를 많이 접한다. 전혀 조작의 흔적이 보이지 않는 사진이나 영상을 보기도 했다. 아직 밝혀내지 못한 수많은 미스터리한 현상에 대해 우리보다 과학이 더 발전한 어떤 존재를 의식하지 않을 수 없다. 이러한 호기심은 개인뿐만 아니라 국가에서 비밀리에 연구하고 있기도 하다. 그 예가 바로 미국의 51구역이다. 물리학자 밥 라자르는 51구역에서 근무했던 내용을 인터뷰에서 밝힌 적이 있다. 미국 정부가 포획한 외계인 비행접시를 분해하여 그 원리를 알아내는 작업을 했다고 한다. 또한 필 슈나이더 박사 역시 51구역에서 근무했는데, 외계인이 제공한 기술로 지하 기지를 건설했다고 진술하기도 했다.

물론 아직까지 외계인의 존재를 100% 확신하는 과학자는 없다. 하지만 외계인의 존재를 밝혀내기 위해 우리는 끊임없이 노력할 것이고 그로 인해 더욱 과학을 발전시킬 수 있을 것이다.

엄마의 논술 교실 ❾

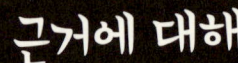

근거에 대해

'주장'이란 무엇에 대한 자신의 견해를 말해.
그 주장이 참인지 거짓인지 판단하는 기준은 주장의 근거야.
즉 주장을 뒷받침하는 근거들이 확실하면 보통 그 주장은 참이라고 생각해.
정우는 외계인이 없다는 주장을 하면서 '아빠의 말'이나
'누군가의 말'을 근거로 들었어. 만약 정우 아빠가 우주 관련
일을 하신다면 수긍이 가지만 그렇지 않다면 좋은 근거라고 할 수 없어.
'누군가'라는 근거 역시 마찬가지야.
반면에 소현이는 신문 보도나 실제 전문가의 말을 근거로 들면서
자신의 주장을 펴고 있어.
확실한 근거를 들면 주장에 더 믿음이 가기 마련이야.

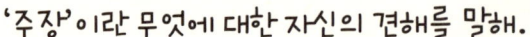 근거란 무엇일까

① 근거의 뜻
근거란 어떤 의견의 이유나 바탕이 되는 것을 말해. 의견을 뒷받침해 줄 수 있는 자료를 뜻하지.

② 근거는 어떤 일을 할까
의견을 말하거나 글로 쓸 때 상대방이 내 의견을 받아들이도록 하려면 타당한 근거를 제시해야 해. 주장을 뒷받침할 올바른 근거를 들어야 그 주장이 타당하다는 것을 인정받을 수 있겠지.

③ 어떤 것이 근거일까
근거가 될 수 있는 것은 수학적으로 계산해서 얻은 통계나 역사적 사실, 신문 기사, 전문가 의견 그리고 속담이나 격언 등 다양해. 이렇게 자신의 주장이 옳다는 것을 보여 줄 수 있는 근거를 풍부하게 제시해야 사람들을 설득하기 쉽단다.

근거를 찾는 방법

① 책이나 잡지
근거를 찾는 가장 보편적인 방법은 책이나 신문 잡지 등을 이용하는 거야. 자신의 주장과 관련된 분야의 책을 선정해서 목차를 살피면서 필요한 내용을 찾도록 해. 되도록 최근에 발행된 책이나 자료에서 수집하는 것이 더 설득력이 있어.

② 직접 찾는 방법
상황이 허락하면 직접 현장 조사를 하는 방법도 있어. 전문가와 인터뷰를 하거나 관련학과 교수를 찾아가 인터뷰하는 것도 방법이야.

③ 인터넷
인터넷 검색 방법도 있지만 이 때 주의할 것이 있어. 인터넷은 개인이 자신의 생각이나 전해 들은 내용을 올려놓는 경우가 많아. 그래서 사실인지 의견인지 헷갈릴 수도 있고 출처가 불분명한 경우도 있어.

괜찮은 근거란 어떤 걸까?

① 믿을 수 있는 근거
괜찮은 근거는 역시 믿을 수 있는 근거라고 할 수 있어. 그래야 사람들의 신뢰를 얻을 수 있거든. '내가 아는 사람이 그랬다'는 식의 근거는 좋은 근거라고 할 수 없어.

② 주장에 걸맞는 근거
세상에는 괜찮은 근거들이 많아. 하지만 아무리 괜찮은 근거라고 해도 내 주장과 전혀 맞지 않는다면 괜찮은 근거라고 할 수 없어. 예를 들어 외계인은 아직 불가사의한 존재야. 그런데 미국에서 외계인이 목격되었다고 해서 '미국은 불가사의한 곳이다'라고 할 수는 없어.

③ 구체적인 근거
근거는 구체적인 것이 좋아. 두루뭉실하게 근거를 들면 주장에 공감하기가 어려워. 그러므로 생활 주변에서 쉽게 찾을 수 있는 구체적인 근거를 제시해야 더 쉽게 공감할 수 있어.

모든 것이 여자 탓?

　학교 수업이 끝난 후, 민준이와 정우 그리고 소현이는 논술 수업을 하기 위해 민준이네 집으로 갔다. 세 명은 엘리베이터에 붙은 공고문을 보았다.
　"이게 뭐야? 어린이는 혼자서 엘리베이터에 타지 말고, 특히 여성들은 옷차림에 주의해 주시기 바랍니다?"
　소현이가 막 글을 다 읽었을 때 엘리베이터가 민준이네 층에 도착했다.
　"어, 엄마?"
　민준이 엄마가 엘리베이터 앞까지 마중을 나왔다.
　"응, 너희들끼리 엘리베이터에 탔구나. 다행이다. 어서 들어와."
　아이들은 어리둥절해하며 가방을 내려놓았다.
　"선생님, 엘리베이터에 붙은 게 뭐예요?"

소현이가 묻자 민준이 엄마가 말했다.

"어제 옆동에서 여자애 혼자 엘리베이터에 탔는데, 글쎄 어떤 아저씨가 성추행하려고 했대. 마침 택배 아저씨가 타서 큰일은 없었나 봐."

"헉! 완전히 정신나간 아저씨네. 그래서 잡혔대요?"

민준이가 얼굴을 찌푸리며 말했다.

"아니. 그래서 어른들이 다들 초긴장 상태야. cctv에 찍힌 사진도 붙인다고 하던데, 엘리베이터에 아직 안 붙었니?"

"예. 요즘은 여자아이들까지 범죄의 대상이 되다니 정말 무서워요."

"이게 다 여자들 옷차림 때문이래. 지난 번에 어떤 교수가 말하는데, 짧은 치마를 입고 다니니까 범죄의 대상이 되는 거래."

정우가 혀를 차면서 말했다.

"그건 또 무슨 근거로 하는 말이래? 여자들 옷차림이랑 범죄랑 무슨 상관이니?"

소현이가 정우를 노려보며 말했다.

"음, 그건 나도 동의 못하겠다."

민준이 엄마가 소현이 편에 서서 말했다.

"정우 말이 틀린 것 같지는 않아요. 짧은 치마나 민소매 입고 다니면 저도 보기 민망하더라구요. 옛날에는 여자들이 종아리도 못 내놓고 다녔을 텐데, 지금은 다리를 훤히 드러내고 배꼽티도 입구요. 유교 사상에서는 그런 옷차림은 상상도 못한다고 하던데, 그런 거를 보면 옛날이 좋았던 것 같아요."

민준이가 정우 편을 들며 말했다.

"허, 너도 남자라고 편드는 거야? 말이 되는 소리를 해. 여기서 유교 사상이 왜 나와?"

"그렇잖아. 이게 뭐야? 이제 엘리베이터 탈 때마다 범죄자가 아닐까 의심해야 하잖아. 우리 동에 사는 사람인지도 모르고 무조건 의심부터 해야 하잖아. 아마 아빠도 이제 아파트에 사는 모든 누나들한테 의심받을 걸요? 혹시 cctv의 그 남자가 아닐까 하고 말이에요."

"에이, 그건 말도 안 된다."

민준이 엄마가 손사래를 치면서 말했다.

"민준이 말도 맞아요. 요즘에는 버스에서도 모든 남자들이 의심받는다잖아요. 스치기만 해도 성추행이네 뭐네 말도 많구요. 그러고 보면 여자들이 점점 더 드세지는 것 같아요. 조금이라도 손해볼 것 같으면 남녀 차별이네 뭐네 하고. 그러면 집에 있지 뭐하러 직장에 다니고 사회 생활을 하는지 모르겠어요."

정우가 정말 이해가 안 된다는 듯이 말했다.

"지금이 조선 시대냐? 그리고 실력이 있고 능력이 있으니까 사회 생활을 하는 거지, 거기에 왜 또 여자가 붙어? 남자들이야말로 여자들한테 밀리니까 괜히 이런 저런 트집이나 잡는 거잖아."

소현이가 얼굴이 빨개져서 말했다.

"정우야, 그만해. 소현이 또 흥분했다."

"어쨌든 우리 동네 남자들이 다 의심받게 된 데에는 여자 책임도 있어!"

가만히 지켜보던 민준이 엄마가 아이들을 말렸다.

"잠깐만. 지금 어느 한쪽이 비약이 너무 심해. 비약이 심하면 잘못된 주장이 될 수도 있어. 다들 흥분을 가라앉히고 오늘 주제를 정하자. 유교 사상 이야기가 나왔는데, 그게 과연 지금도 필요한지에 대해서 말이야."

민준이 엄마 말이 끝나자마자 정우가 말했다.

"당연히 필요하죠. 당장 봐요. 옷차림에 대한 예의가 없으니까 우리 동네 남자들은 다 범죄자가 되었잖아요."

"말도 안 돼요. 유교 사상이면 당장 남녀 차별을 인정하라는 거잖아요. 절대, 절대 반대예요!"

정우와 소현이가 목소리를 높여 말하자 민준이 엄마가 손가락을 입에 대고 말했다.

"말로 하지 말고 글로 써. 글로 서로를 설득시켜 보라고. 자, 시작!"

현대 사회에서의 유교 사상의 의미에 대해 쓰시오.

다시 찾고 싶은 유교 사상

정우의 논술

며칠 전 우리 아파트에서 불미스러운 일이 있었다. 아직 범인은 잡히지 않은 상태이다. 아파트 주민들은 서로 의심하고 불신하며 싸늘한 분위기에서 살고 있다.

이러한 성범죄는 여자들의 옷차림에서 비롯되기도 한다고 한다. 그러므로 범죄 예방을 위해 노출이 심한 옷차림은 삼가는 것이 좋을 듯하다. 아예 옛날처럼 종아리 아래로 내려오는 치마나 바지를 입고 소매가 있는 옷을 입으면 범죄가 줄어들 것 같다.

또한 여자들이 너무 나대는 것도 문제인 듯하다. 할머니 말씀으로는 옛날에는 경찰이 치마 길이도 단속했다고 하는데, 지금 그러면 여성 단체에서 난리가 날 것이다. 여성 단체도 그렇다. 조금이라도 여자들에게 불리할 것 같으면 무슨 큰일이라도 난 듯이 들고 일어난다. 그러면서 여자들의 이익만을 찾고 있으니, 이것이야말로 역차별이다. 그래서 작은 문제도 더 커지는 느낌이 든다. 아마 옛날로 돌아가자고 하면 남자들은 좋다고 해도 여자들은 무조건 안 된다고 할 것이다.

'온고지신'이라는 말이 있다. 옛 것을 익혀서 새로운 것을 안다는 뜻이다. 여자들은 유교 사상 하면 남녀 차별을 거론하며 발끈한다. 오랜 기간 차별받아온 탓에 오는 피해 의식이다. 그것보다는 유교 사상의 좋은 점을 받아들여 안전한 사회를 만들었으면 좋겠다.

> 남녀 차별의 근원인 유교 사상은 사라져야 한다

소현의 논술

　우리 고모할머니는 학교를 제대로 다니지 못하셨다고 한다. 옛날에 여자는 시집 가서 집에서 살림만 하니까 굳이 돈 들여 교육을 시키지 않았다고 한다. 또는 남자 형제들의 뒷바라지를 하기도 했다고 한다. 개인의 능력이나 재능과 상관없이 남자가 여자보다 우월하다는 어리석은 생각 때문이었다.

　예로부터 여성은 늘 희생만 강요당했다. 유교 사상을 들어 늘 남자보다 뒤에 서 있어야 했고 가족을 위해 무조건 양보해야 했다. 심지어 여성이 피해자인 사건에서도 여성 탓을 하기도 한다. 이것은 여성의 사회적인 지위가 낮았기 때문이다. 하지만 시대가 변했다. 이제 여자들도 남자들과 동등하게 교육을 받고 사회에 진출할 수 있다. 옛날과 달리 요즘은 의사나 검사, 판사와 같은 전문직은 물론 군인이나 자동차 정비사, 용접사로도 여성의 진출이 늘고 있다. 그 동안 많은 여자들이 유교 사상 때문에 자신의 능력을 발휘하지 못했다. 그로 인한 국가적인 인력 낭비도 적지 않았을 것이다.

　시대가 바뀌면 사상도 변하기 마련이다. 유교 사상이 옛날에는 좋은 가르침이었을지 모르지만 현대 사회에서는 오히려 걸림돌이 되는 것이다. 아무리 좋은 것이라 해도 변화한 사회에 맞지 않으면 과감하게 버리는 것이 모두가 행복해지는 길이라고 생각한다.

엄마의 논술 교실 ❿

자기 주장을 하다 보면 자신이 한 주장이 꼬이는 수가 있어.
너무 강력하게 주장을 하다 보니 과장을 하게 되고 오류가 발생하는 거야.
정우는 비약이 심하고 성급하게 일반화하는 오류를 범하고 있어.
여자들의 옷차림과 범죄의 관계는 자주 실수하는 오류라고 할 수 있어.
그에 비해 소현이는 적절한 예를 들고
그에 대한 자신의 생각을 잘 풀어냈구나.

오류란 무엇일까

① 잘못된 정보야

오류란 자신은 옳다고 생각하지만 객관적인 입장에서는 거짓인 것을 말해. 그렇다고 거짓말은 아니야. 오류는 상대방을 속이려는 게 아니거든. 다만 스스로 맞다고 생각하지만 틀린 판단이라고 할 수 있어.

② 내 글의 힘을 약하게 해

자기 생각을 말할 때 오류가 있어서는 안 돼. 왜냐하면 내 주장의 신빙성이 떨어지니까 말이야. 설득력을 잃기 때문에 글을 쓸 때는 오류가 없도록 조심해야 해.

오류는 어떤 경우에 생길까

① 용어가 모호한 경우

논술을 쓰다 보면 멋진 말도 많이 사용할 거야. 하지만 적절하지 않은 용어를 사용하면 오류가 발생하기 쉬워.

② 비약이 심한 경우

요즘 100원짜리 껌은 드물어. 그런데 드문 것은 귀한 것인 경우가 많아. 그렇다고 100원짜리 껌을 귀하다고는 할 수 없지? 이렇게 비약을 심하게 하다 보면 스스로 오류에 빠지기 쉽단다.

③ 이유를 설명하지 못할 경우
잔뜩 자신의 주장을 써놓고 그 이유를 설명할 수 없다면 이것 역시 오류라고 할 수 있어. 주장만 있고 이유를 설명하지 못한다면 논리적인 글이 될 수 없으니까 말이야.

④ 감정에 호소하는 경우
주관적인 자기 감정을 실어서 주장할 경우 생기는 오류야. 논술은 떼를 쓰는 것이 아니야. 상대방을 인신 공격한다든지, 힘이나 권위로 자기 주장을 하는 오류를 범하지 않도록 해야 해.

⑤ 자료의 오류
자료를 잘못 판단해서 저지를 수 있는 오류야. 잘못된 자료는 잘못된 결론을 이끌어낸단다. 또는 적합하지 않은 자료로 결론을 이끌어낼 때도 범하기 쉬운 오류야.

⑥ 일반화의 오류
불충분한 자료나 특수한 경우를 근거로 성급하게 일반화하는 경우야. 예를 들면 '눈이 크면 겁이 많다'라고 단정짓는 경우를 들 수 있어.

오류를 파악하는 방법

① 주장과 근거는 적절한가
오류를 파악하기 위해서는 주장과 근거의 관계를 잘 살펴봐야 해. 그리고 앞에서 말한 오류의 유형에 대한 지식도 필요해.

② 전제에 오류가 있지는 않은가
유명한 이야기가 있어. '모든 크레타인은 거짓말쟁이다'라고 크레타 사람인 에피메니데스가 말했어. 크레타인 에피메니데스가 한 말은 참일까, 거짓일까?
참이라면 에피메니데스가 한 말이니까 결과는 거짓이야. 반대로 거짓이라면 에피메니데스가 한 말이 참이 되는 거야. 이렇게 주장에 모순이 있으면 증명을 할 수 없게 된단다.

비만이 친구들 때문이라고?

"급식 양이 너무 적어."

정우 짝인 희진이가 입맛을 다시며 말했다.

"더 달라고 해."

정우가 말하자 희진이는 고개를 저었다.

"우리 엄마가 선생님한테 전화한 것 같아. 밥 더 주지 말라고 말이야."

정우는 희진이를 한번 쳐다보고는 속으로 '그럴 만도 하다'고 생각했다.

희진이는 누가 봐도 비만이다. 반에서, 아니 전교에서 가장 뚱뚱한 아이일 것이다. 정우도 잘 먹기로 소문나 있지만 희진이하고는 비교도 안 된다.

"그래서 준비했지롱~."

희진이는 환하게 웃으며 가방을 뒤적였다. 그리고 커다란 햄버거 하나를 꺼냈다.

"나의 디저트, 빅 햄버거!"

희진이는 말이 끝나기가 무섭게 입을 커다랗게 벌리고 햄버거를 한 입 베어 먹었다. 입가에 케첩과 머스터드 소스가 잔뜩 묻었다.

"어, 희진이 너 급식 안 먹었어?"

소현이가 묻자 희진이는 고개를 가로저었다.

"먹었어. 이건 디저트야."

희진이 말에 소현이는 입을 떡 벌렸다.

"헉, 오늘 급식은 제육볶음이었는데 거기에 햄버거까지, 어휴~."

소현이는 고개를 절레절레 흔들었다.

"다음 시간이 체육이잖아. 다른 애들은 지금 나가서 피구할 거래. 너희도 같이 하자."

소현이 말에 정우가 숟가락을 바쁘게 놀렸다.

"정말? 알았어. 빨리 먹고 나갈게."

"천천히 먹어. 그러다 체할라. 희진이 너는?"

그러자 희진이는 목을 움츠리며 말했다.

"나는 감기 기운도 있는 것 같고, 조금만 뛰어도 숨이 차. 내가 몸이 약하잖아. 너희들끼리 놀아."

희진이 말에 정우가 입을 벌리고 소리내어 웃었다.

"으하하하, 네가 몸이 약해? 네가?"

"아이, 더러워. 입에 있는 밥이나 삼키고 말해. 어휴, 입맛이 싹 달아났

네."

희진이는 그렇게 말하고 빈 햄버거 종이를 들고 일어났다.

"다 먹어 놓고는 무슨."

소현이는 중얼거리면서 운동장으로 나갔다. 희진이는 체육 시간이 시작돼서야 선생님 뒤를 따라 어슬렁어슬렁 나왔다.

"자, 오늘은 포크 댄스를 배울 거예요. 다들 남자 여자 짝지어서 줄을 서세요."

선생님 말에 아이들은 서로 짝을 찾아 나란히 섰다. 정우와 희진이가 나란히 선 모습을 보고 아이들이 킥킥거렸다.

"저기는 웬 아줌마 둘이 서 있는 것 같냐?"

"질편한 엉덩이 두 개가 아주 그냥~!"

정우는 그 소리를 들었지만 애써 모르는 척했다.

민준이네 집으로 논술을 하러 온 뒤에도 정우는 시무룩했다. 체육 시간에 들은 친구들의 말이 계속 귓가를 맴돌았다.

"어이, 정우야. 오늘은 왜 기분이 안 좋아 보여?"

민준이가 정우 어깨를 툭 치며 말했다. 가만히 있던 정우가 불쑥 말을 꺼냈다.

"네가 보기에도 내가 그렇게 보기 싫게 뚱뚱하냐?"

"보기 좋은 뚱뚱함은 없어."

책을 읽던 소현이가 책에서 눈을 떼지 않고 말했다. 정우는 소현이 쪽으로 입을 삐죽 내밀어 보였다.

"그래도 희진이보다는 낫지 않아?"

"야! 뚱뚱한 거는 누가 누구보다 낫네 마네가 없어. 진짜 말이 나와서 말인데 정우 너, 몸매 관리 좀 해라. 그러다가 비만아 돼."

소현이 말에 정우가 발끈했다.

"야, 그래도 나는 희진이보다는 훨씬 낫다. 그리고 나는 체질상 조금만 먹어도 살이 찌는 걸 어떡하냐? 솔직히 민준이 너랑 나랑 먹는 양은 비슷하잖아."

정우가 조금 억울하다는 듯이 말했다.

"그럴수록 관리를 하고 운동을 해야지. 먹는 양을 줄이고 운동을 더 많이 하고 말이야. 그러다간 정말 큰일나. 비만은 병이야, 병."

소현이가 진심으로 걱정이 되어 말했다.

"비만이 무슨 병이냐? 우리 할머니는 복스럽다고 좋아하시는데. 요즘 어른 따라서 다이어트하는 너희들이 더 문제야."

정우는 잔뜩 화가 나서 신경질적으로 공책을 폈다.

소아 비만이 심각한 이유를 설명하고 줄일 수 있는 방법에 대해 쓰시오.

소아 비만의 원인은 친구들 때문이다

정우의 논술

우리나라 소아 비만율이 급증하고 있다고 한다. 소아 비만은 성인 비만으로 이어지기 때문에 어려서부터 식습관과 운동하는 습관을 잘 들이지 않으면 각종 성인병에 시달릴 수 있다.

우리 반 희진이는 정말 잘 먹는다. 나도 꽤 많이 먹는 편이지만 그 아이는 나보다 두 배는 더 먹는 것 같다. 그리고 움직이는 것을 싫어한다. 체육 시간에 혼자 운동장에 앉아 있으면 아이들은 돼지가 나타났다며 놀린다.

나는 그 아이만큼은 아니지만 통통해서인지 아이들이 같이 놀리기도 한다. 그래서 스트레스를 받기도 한다. 스트레스를 받으면 더 먹게 된다. 만약 아이들이 놀리지 않으면 스트레스를 받을 일도 없으니 살이 찔 리도 없다.

또한 체질에 따라 물만 먹어도 살이 찌는 경우가 있는데 내가 그렇다. 우리 반의 비쩍 마른 아이도 나만큼 많이 먹는다. 그래도 그 친구는 살이 찌지 않는다. 오히려 살이 안 찐다고 걱정이다. 키도 안 클 것 같다고 말이다. 그런 반면 나는 약간 통통해서 복스럽다는 소리도 듣고 앞으로 키도 부쩍 클 것이라고 한다.

비만은 분명히 좋은 건 아니다. 그렇다고 해서 다른 사람의 외모를 가지고 놀리는 것은 옳지 않다. 친구들이 놀리지만 않아도 통통한 아이가 비만이 되는 일은 줄어들 것이다.

> 성인 비만을 막기 위해서 소아 비만을 막아야 한다

소현의 논술

우리나라 소아 비만 환자가 급증하고 있다고 한다. 옛날에는 통통한 아이들이 복스럽다며 우량아 선발 대회까지 있었다고 하지만, 소아 비만은 건강과 성장에 좋지 않은 영향을 줄 수 있기 때문에 주의해야 한다.

맞벌이 부부가 늘면서 아이들은 인스턴트 음식에 쉽게 노출되어 있다. 또한 공부하는 시간이 많고, 운동이나 밖에서 놀기보다는 컴퓨터나 스마트폰으로 게임만 하다 보니 쉽게 비만이 되는 것을 알 수 있다.

소아 비만은 성조숙증의 원인이 되어 사춘기가 빨리 시작된다. 사춘기가 시작되면 성장판이 닫혀 성장을 멈추고 성장 호르몬 분비를 억제한다. 그러면 키가 자라지 않을 확률도 높다.

무엇보다 소아 비만이 심각한 이유는 건강 때문이다. 소아 비만은 당뇨나 고혈압 같은 성인병에 걸릴 확률이 높다. 그리고 성인 비만으로 이어진다. 소아 비만은 지방 세포 수를 증가시킨다. 일단 늘어난 세포는 줄어들지 않기 때문에 성인이 되어서도 다른 사람보다 많은 지방 세포 수를 가지게 되므로 성인 비만으로 이어지는 것이다.

따라서 소아 비만을 방지하기 위해 건강 관리는 어렸을 때부터 해야 한다. 적당히 먹고 적당히 운동하는 습관을 들여야 한다. 인스턴트 식품의 섭취를 줄이고 골고루 먹는 식습관을 들여야 한다.

엄마의 논술 교실 ⑪

분석과 유추

논술은 자신의 생각을 쓰는 것이긴 하지만, 때로는 어떤 주제에 대해 쓰라는 문제도 있어. '소아 비만이 심각한 이유를 설명하고 줄일 수 있는 방법에 대해 쓰시오'처럼 말이야.
이런 문제가 나오면 우리는 주제를 분석하고 이에 따른 유추를 해 가면서 글을 써야 해. 그런데 정우는 소아 비만의 심각성이나 줄일 수 있는 방법에 대한 분석이 약하네. 아이들이 놀려서 스트레스를 받아 많이 먹기 때문에 비만이 된다는 논리는 억지스러워 보여.
또 소아 비만을 줄일 수 있는 방법으로 '비만인 아이들을 놀리지 말아야 한다'는 적당한 방법이 아니야.
그에 비해 소현이는 소아 비만이 왜 심각한지, 그리고 비만을 방지하기 위해 어떻게 해야 하는지 방법까지 잘 유추해냈어.

분석과 유추란 무엇일까

① 분석이란 설명 방법이야

분석은 어떤 대상을 나누어서 풀이하는 설명 방법을 말해. 복잡하게 얽힌 것을 하나하나 세밀하게 나누어 쪼갠다는 뜻이야. 소아 비만이 왜 성인 비만으로 연결되는지에 대해 소현이가 분석한 것처럼 말이야.

② 분석과 구분은 달라

대상을 나누어 설명한다는 점에서 분석과 구분은 비슷해. 하지만 분석은 나눈 것들이 서로 연관을 맺고 있어서 하나라도 없으면 대상이 존재할 수 없는 거야. 예를 들면 시계를 초침과 분침 등으로 나누는 것은 분석이야. 하지만 시계를 해시계, 물시계, 모래시계로 나누면 나눈 것들이 하나의 완전한 대상이 될 수 있으므로 구분이라고 할 수 있어.

③ 유추도 설명 방법이야

유추는 같은 종류, 또는 비슷한 것에 기초하여 다른 사물을 추측하는 일을 말해. 부모님이 맞벌이를 하면 아이들은 인스턴트 음식을 많이 먹게 되고, 운동도 하지 않고 가만히 앉아 있기만 한다면 살이 찔 것을 유추한 것처럼 말이야.

④ 유추는 비교와 달라

비교는 공통되는 성질이나 유사점을 중심으로 설명하는 거야. 그에 비해 유추는 비슷한 것을 대상으로 비교하면서 추리를 한다는 점이 달라.

분석과 유추는 어떻게 할까

① 분석은 어떻게 할까

분석을 할 때는 시간에 따라 분석하는 것이 편해. 때로는 원인과 결과를 따져서 현상이나 사건을 분석하기도 한단다.

② 유추는 어떻게 할까

유추는 예를 들고 그것의 의미와 논의 대상을 연결하는 거야. 따라서 유추는 비교하는 대상 사이에 공통점이 많을수록 추리가 타당하게 될 가능성이 높아.

분석과 유추는 왜 필요할까

① 글을 구체화시킨다

분석은 주제를 구체적이고 세세하게 알려 주면서 글을 구체화시키는 역할을 해. 그렇기 때문에 읽는 사람의 이해를 도와 준단다.

② 전달이 쉬워져

논술은 자기 주장 글이지만 직설적으로 말하면 고집을 부리는 것처럼 보일 수도 있어. 하지만 유추라는 설명 방법을 통해 이해하고 전달하는 것이 훨씬 쉽단다.

사실이냐 재미냐, 다큐멘터리냐 드라마냐

"어제 드라마 봤어? 그 무사, 진짜 멋있더라. 칼을 이렇게, 이얍!"
"네 이놈, 김 대감이 보냈느냐. 여봐라, 저 역적을 당장 쳐라!"
민준이와 정우가 칼을 들고 이리저리 뛰어다녔다.
"어이구, 남자친구들. 먼지 나. 간식 먹고 수업 시작하자."
민준이 엄마가 만두를 쪄 내왔다.
"잘 먹겠습니다!"
아이들은 뜨거운 만두를 호호 불며 먹었다.
"나는 무사가 가장 좋아. 그런데 좀 너무하더라. 아무리 무사라고 해도 왕한테 덤비는 게 어디 있냐? 감히."
"주인공이잖아. 나는 무사를 돕는 그 충신이 좋더라. 무술도 좀 하는 것 같고, 똑똑하고 말이야."

민준이와 정우 말에 소현이가 끼어들었다.

"그런데 그 사극 좀 이상하더라. 말이 안 되는 게 많은 것 같아."

"응. 주인공이 만날 싸움에서 이기는 것은 좀 억지야."

"소현이 말대로 지붕을 막 날아다니는 것은 좀 말이 안 되기는 해."

민준이와 정우가 킥킥거리자 소현이가 한숨을 푹 쉬었다.

"그 얘기가 아니라, 사극 이야기 자체가 말이 안 된다고. 시대가 안 맞는다는 말이야."

그러자 민준이와 정우가 정색을 하며 말했다.

"아니야. 사극은 역사극이잖아. 거기에 나오는 왕이며 신하들도 다 진짜 있었던 사람들이야."

"맞아, 거기에 나오는 무슨 사건들도 학교에서 다 배운 거잖아. 아마 그 무사도 진짜일걸?"

"무사는 가짜야."

민준이 엄마가 말했다.

"그럴 줄 알았어. 어쩐지 싸움을 잘하더라. 크크크."

"응, 그래도 멋있잖아. 그리고 나는 그 왕이 그렇게 못된 사람인 줄도 몰랐어. 우리가 배우기는 나라를 위해서 좋은 일도 많이 했다고 하잖아."

"왕도 가짜야."

또 민준이 엄마가 말했다.

"그 왕이 조선 시대에 없었다고요?"

민준이와 정우가 깜짝 놀라서 물었다.

"아니, 그 왕은 있었는데 그 왕이 그렇게 못되지는 않았어. 뭐, 나쁜 정책을 펼쳤을 수도 있지만 그 정도는 아니었어."

"그러면 충신은요?"

정우가 묻자 민준이 엄마가 곰곰이 생각하고 말했다.

"충신은 진짜 있었어. 그런데 그 왕이 있었을 때는 아마 10대였을걸?"

"네?"

민준이와 정우가 또 깜짝 놀랐다.

"그렇죠, 선생님? 어쩐지. 아무리 연대를 계산해도 맞지 않더라구요."

소현이가 고개를 끄덕이면서 말했다.

"하여튼, 요즘은 사극도 제대로 된 게 없어. 어떻게 역사를 마구 섞어놔요?"

"음, 드라마는 드라마니까."

민준이 엄마가 웃으며 말했다.

"맞아, 드라마는 재미있으면 되지 뭘 더 바라? 난 재미만 있더라."

민준이 말에 소현이가 말도 안 된다는 듯이 말했다.

"그러면 아예 왕이며 등장 인물도 따로 설정해야지. 당장에 너도 사극 속의 왕이 나쁜 사람인 줄 알았다면서? 그렇게 역사를 잘못 알게 되면 안 되는 거잖아."

"그러면 다큐멘터리를 봐. 드라마는 어차피 꾸며낸 이야기잖아."

민준이가 지지 않고 말하자 소현이는 입을 삐죽 내밀었다.

"그런데 따로 역사 공부를 해야겠다. 드라마만 보면 소현이 말대로 잘

못된 역사를 배우게 될 것 같아."

정우 말에 민준이가 토를 달았다.

"100% 허구는 아니잖아. 그리고 그 때 있었던 일을 작가가 어떻게 아냐? 살았던 것도 아니고, 지금처럼 사진이나 동영상이 있는 것도 아니고. 그러니 상상해서 쓰는 게 당연하지."

"자자, 그러면 오늘 논술 주제는 정해졌네?"

"네, 사극과 역사 왜곡이요. 저는 쓸 말 많아요."

소현이가 공책을 펼치며 말했다.

"나도 많아."

민준이도 공책을 펼쳤다.

"그러면 서로 방법을 달리해서 써 보자. 논술 쓰는 방법에 두괄식이랑 미괄식이 있어. 두괄식은 주장이 앞에 나오는 것이고, 미괄식은 주장이 뒤에 나오는 거야."

"나는 두괄식으로 쓸게요."

민준이가 말했다.

"그러면 나는 미괄식으로 쓸래요."

소현이가 말했다.

"좋아. 두 가지 방식이 얼마나 상대를 설득할 수 있을지 써 보자, 시작!"

사극의 역사 왜곡에 대한 자신의 의견을 쓰시오.

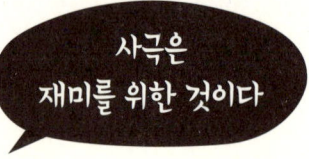

사극은 재미를 위한 것이다

민준의 논술

드라마는 재미있으면 된다. 역사 왜곡도 재미있으면 된다. 사극에 역사적 기록을 그대로 재현하는 것이 중요하다는 것은 역사학자들의 입장이다. 시청자 모두가 역사학자가 될 필요는 없다. 역사적인 고증을 따진다면 다큐멘터리를 보면 된다.

드라마는 꾸며낸 이야기다. 현대극은 문제삼지 않으면서 왜 사극에는 유독 엄한 잣대를 들이대는지 모르겠다. 역사적인 사실만 쭉 늘어놓는다면 드라마틱한 이야기도 없을 것이다. 그러면 감동과 재미가 없다. 극적인 긴장감도 없고 인물들의 특징도 제대로 살아나지 않는다. 그러면 지루해진다. 지루한 드라마를 볼 사람은 없다. 그래서 사극은 시대적 배경을 뒤죽박죽으로 만들기도 하고 허구의 인물이나 사건을 연출하기도 하는 것이다.

물론 왜곡된 드라마상의 상상 속의 나라나 인물을 실제로 믿는 경우도 있어서 문제가 되기도 한다. 그렇기 때문에 사극은 100% 사실이라는 맹신은 피해야 한다. 그리고 사극을 볼 때는 기초 지식을 가지고 봐야 좋다. 따라서 사극을 보면서 역사에 관심을 가지게 되므로 공부하는 데도 도움이 될 것이다.

> 재미를 위해
> 역사를 왜곡해서는 안 된다

소현의 논술

요즘 사극은 현대극만큼 재미있고 화려하다. 볼거리도 많고 마치 순정만화 같은 구성 때문에 남녀노소 모두에게 인기가 많다.

보통 사극은 정통사극과 퓨전사극으로 나뉜다. 사건과 사고 그리고 의복도 역사적 고증을 하는 경우도 있지만 퓨전사극의 경우는 시대적 배경은 물론 역사적인 인물도 뒤섞어 버린다. 사극을 보는 입장에서는 자칫 잘못된 역사적 지식을 갖게 될 위험이 크다. 또한 작가의 역사 인식에 따라 같은 사건이나 인물이라도 과장하기도 하고 폄훼하기도 한다. 그것을 강조하기 위해 있지도 않은 사건이나 인물을 창조해 마치 사실인 것처럼 이야기를 전개하기 때문에 시청자는 잘못된 역사 인식을 갖게 될 수도 있다.

이처럼 역사를 왜곡시키는 이유는 시청률 때문이라고 한다. 단순히 시청률 때문에 실재하지도 않은 인물이나 사건으로 실존 인물과 함께 이야기를 끌고가면 역사적인 사실에 혼란을 가져올 수 있다.

친구들 가운데는 사극에 나오는 환상의 나라가 우리의 역사 속에 진짜 존재한다고 믿는 경우도 있었다. 역사를 되돌아보며 우리 선조들의 지혜를 배우는 것이 아니라 역사에서 재미를 찾기 위해 거짓 역사를 만드는 것은 옳지 않다고 본다.

엄마의 논술 교실 ⑫

두괄식과 미괄식

두괄식과 미괄식은 문단을 구성하는 방식이야.
중심 문장이 앞에 오느냐, 뒤에 오느냐에 따라
두괄식과 미괄식으로 나누지.
이번에는 자신의 주장을 각자 다른 방식으로 써 보기로 했어.
민준이는 두괄식으로 구성하면서 자신의 주장을 먼저 말했지.
그런데 앞의 주장과 뒤의 주장이 맞지 않는구나.
소현이는 미괄식으로 구성하면서 마지막에 단정하게 정리를 잘했어.
민준이가 왜 실수를 하게 됐는지 그 이유를 설명해 줄게.

두괄식이란 무엇일까

① 주제문 + 뒷받침 문장
두괄식은 주제문을 문단 앞에 두는 형식이야. 그리고 뒷받침하는 문장이 뒤에 오는 형식이지.

② 주장을 분명하게 내보일 수 있어
글 전체의 첫 문단에서 이야기하고자 하는 바를 드러내기 때문에 독자에게 핵심 주장을 분명하게 전달할 수 있어.

③ 가장 많이 쓰는 글쓰기야
두괄식은 첫머리에 중심 생각을 제시하기 때문에 주제를 잘 전달할 수 있어. 쓰는 사람도 글의 주제를 보면서 쓸 수 있기 때문에 주제가 샛길로 빠지는 것을 방지할 수 있어. 따라서 글쓰기가 익숙하지 않은 사람에게도 쉬운 문단 구성 방법이야.

미괄식이란 무엇일까

① 뒷받침 문장 + 주제문
두괄식과 반대로 주제문을 문단 뒤에 두는 형식이야. 뒷받침 문장을 먼저 쓰고 주제문을 마지막에 정리하는 것이지.

② 흥미를 끌 수 있어
주제문이 뒤에 오기 때문에 읽는 사람 입장에서는 무엇에 대한 이야기를 하고 있는 것인지 궁금증과 흥미를 가지고 글을 읽을 수 있어.

③ 극적인 느낌을 주는 글쓰기야
뒷받침 문장은 뒤로 갈수록 주제문과 밀접해져. 중심 생각이 뒤에 나타나기 때문에 극적인 느낌을 주기도 한단다.

두괄식에서 하기 쉬운 실수는?

① 너무 강해서 탈
두괄식은 주제를 쉽게 부각시킬 수 있어서 논술문에 많이 쓰여. 하지만 글이 지나치게 강해질 수 있다는 단점이 있어.

② 미리 알 수 있어 흥미가 반감돼
또한 주제가 먼저 부각되면서 글의 내용을 짐작할 수 있고, 글의 내용이 단조롭게 느껴질 수도 있는 단점이 있어.

미괄식에서 하기 쉬운 실수는?

① 비약이 심해질 수 있어
미괄식은 일반적으로 많이 사용하는 구성 방식이야. 논리적인 글의 전개를 보여 줄 수 있어서 흥미를 끌어낼 수 있지만, 자칫 비약적인 논리 전개로 비논리적인 문장이 만들어질 수도 있어.

② 집중이 되지 않아
주제문이 뒤에 나오다 보니 앞에서 집중할 수 없는 단점이 있어. 산만해지거나 글이 엉뚱한 방향으로 흐를 수 있기 때문에 초점을 분명히 해야 해.

어떤 게 진짜 효도일까

민준이네 집에서 논술 수업이 있는 날이다. 소현이는 제 시각에 딱 맞춰 왔는데, 민준이와 정우가 아직 자리에 없었다.

"애들이 기본이 안 되었군! 감히 수업 시간에 늦어?"

민준이 엄마가 허리에 손을 얹고 인상을 썼다.

"저, 민준이 어디 갔는데요?"

소현이가 묻자 민준이 엄마가 말했다.

"정우가 일찍 와서, 둘이 수업 시간까지 놀이터에서 놀겠다고 나갔는데 아직 안 오네."

그 때 현관문 여는 소리가 들리더니 민준이와 정우가 들어왔다.

"너희들! 일단 손부터 씻고 와. 수업부터 시작하자."

민준이 엄마 말에 민준이와 정우는 후다닥 화장실로 들어갔다.

"오늘은 이야기를 읽고 그 이야기 속에서 논술 주제를 찾아 써 볼 거야."

민준이 엄마가 설명을 하는데 민준이는 자꾸 정우를 쳐다보았다. 정우는 연필도 쥐지 않고 얼굴을 잔뜩 찡그린 채 앉아 있었다.

"그런데 너희 둘, 놀이터에서 무슨 일 있었니? 분위기가 이상하다."

민준이 엄마 말에 민준이가 쭈뼛대며 말했다.

"엄마, 그게……."

"수업 시간에는 선생님이라고 해야지."

민준이 엄마가 단호하게 말했다. 그러자 정우가 민준이에게 말하지 말라는 듯이 고개를 저었다. 민준이는 잠시 고민하는 듯하다가 말했다.

"안 되겠어. 저기 엄마, 아니 선생님. 정우가 다쳤어요. 놀이터에서 그네 타고 점프를 하다가 넘어졌는데 팔이……."

민준이 엄마는 놀라서 자리에서 벌떡 일어났다. 그리고 정우에게 다가와 팔을 만져 보았다.

"얼마나 다친 거니? 어디 좀 보자."

"아얏!"

정우가 아픈 듯이 찡그리자, 민준이 엄마는 정우 엄마에게 전화를 걸었다. 정우 엄마는 회사에 다닌다. 그래서 정우가 지금 집에 가 봤자 아무도 없다. 어쩔 수 없이 민준이 엄마가 보호자 역할을 해야 한다. 통화를 마친 엄마는 정우에게 말했다.

"정우야, 일단 나랑 병원에 가 보자. 너희들은 남아서 오늘 수업할 〈효녀 심청〉 책을 다시 읽고 있어."

민준이 엄마는 그렇게 말하고 정우를 데리고 병원으로 갔다.

"정우가 많이 다쳤을까?"

민준이가 걱정스럽게 말하자 소현이가 핀잔을 주었다.

"그러게 좀 조심해서 놀지, 너희는 어쩌면 그렇게 말썽이니?"

"뭐, 누구는 다치고 싶어서 다쳤냐? 놀다 보면 그럴 수도 있는 거지."

민준이가 우물거리며 말했다.

몇 시간 후, 정우가 팔에 깁스를 한 채 돌아왔다.

"헉! 박정우, 너 많이 다친 거야?"

민준이와 소현이가 걱정스럽게 물었다.

"아니야, 그냥 뼈에 금만 살짝 갔대. 금방 낫는댔어."

정우가 웃으며 말하자, 민준이 엄마가 정우 볼을 살짝 꼬집었다.

"요 녀석아, 금방은 무슨 금방이야. 정말 큰일날 뻔했잖아. 그리고 다쳤으면 바로 말해야지, 왜 숨겨."

민준이 엄마 말에 정우는 웃으며 말했다.

"엄마한테 말하면 걱정하시잖아요. 그렇지 않아도 회사 일로 바쁜데."

"그러다 더 아프면 엄마가 훨씬 더 걱정을 하시잖아. 너는 왜 하나만 알고 둘은 모르니?"

소현이 말에 정우가 시무룩하게 말했다.

"우리 엄마는 내가 아프면 운단 말이야. 지난 번에 내가 감기에 걸렸을 때도 열이 안 내려간다고 밤새 간호하면서 우시는데, 정말 내 마음이 너무 아프더라. 나는 엄마가 나 때문에 걱정하지 않게 하는 게 효도라고 생각해."

"그걸 알면서 그래? 다치면 불효라고. 아예 처음부터 조심히 놀았으면 좋았잖아. 그러면 다칠 일도 없고 말이야. 그리고 다쳤으면 바로바로 병원에 가야지, 잘못하면 더 심해질 수도 있잖아. 오늘만 해도 그래. 논술 수업이 없었으면 어쩔 뻔했어? 둘이 놀이터에서 놀다가 다쳤으면 밤까지 기다릴 거야?"

소현이 말에 민준이 엄마가 놀라며 말했다.

"소현이가 선생님이 하고 싶은 말을 그대로 하네. 어쩜 그렇게 엄마 마음을 잘 알아?"

"사람 마음이야 다 거기서 거기잖아요. 그런데 남자애들을 보면 정말 기가 차요. 언제나 철이 들 건지, 정말 남자애들은 다 애라니까요."

소현이가 혀를 차면서 말하자, 민준이 엄마가 조용히 말했다.

"완전히 애어른이네. 나는 네가 더 기가 찬다, 얘."

심청이는 효녀일까, 아닐까 자신의 생각을 쓰시오.

> 심청이는 효녀가 아니다

정우의 논술

효녀, 하면 떠오르는 이야기 속의 대표 인물이 심청이다. 아버지의 눈을 뜨게 하기 위해 공양미 삼백 석에 목숨을 바친 효녀이다. 하지만 예로부터 우리 몸은 부모에게 물려받은 것이므로 머리카락 하나라도 다치면 불효라고 생각했다. 하물며 목숨을 버린다는 건 큰 불효가 아닐 수 없다.

효도란 부모의 마음을 편하게 해 주는 것이다. 자식이 나 때문에 죽었다고 하면 눈을 뜬들 무슨 소용이 있을까. 눈을 떠도 사랑하는 자식을 보지 못한다면 오히려 눈을 감고 사는 것이 더 나을 것이다. 그래도 아버지를 위해 차디찬 인당수에 몸을 던진 심청의 효심에는 박수를 보내고 싶다. 그것은 보통 효심으로는 불가능한 것이다.

그래도 앞을 보지 못하는 아버지를 혼자 두고 세상을 등지는 것을 보면 효녀가 아니다. 심청이가 인당수에 빠진 후, 아버지는 눈을 뜨기는커녕 뺑덕어멈처럼 못된 여자를 만나서 더 힘들게 살았다.

그래도 아버지를 위해 공양미 삼백 석과 자신의 목숨을 바꾼 것을 보면 효녀는 효녀이다. 하지만 그런 효녀 심청이 자신의 목숨을 공양미와 바꾸다니 정말 이해할 수 없는 노릇이다. 심청은 분명 효녀이지만 목숨을 버리는 것은 효녀가 할 일은 아닌 것 같다.

심청이는 효녀다

소현의 논술

우리나라는 예로부터 효를 최고의 미덕으로 삼아왔다. 그리고 효녀 하면 심청을 떠올리지 않을 수 없다.

심청이는 어렸을 때부터 앞을 못 보는 아버지의 수발을 들었다. 정승댁 부인이 심성이 착한 심청이를 수양딸로 삼고 싶어했지만 심청이는 거절했다. 아버지를 봉양하기 위해 자신의 행복도 버릴 정도로 효심이 깊었다. 심지어 아버지의 눈을 뜨게 하겠다는 일념으로 인당수에 뛰어들었다. 공양미 삼백 석과 자신의 목숨을 바꾼 것이다.

물론 '신체발부수지부모'라고 해서 부모에게 받은 몸을 소중히 여기는 것이 효도의 시작이다. 하지만 부모를 위한 일이라면 괜찮다고 생각한다. 우리는 종종 부모에게 간 이식 수술을 해 준 자녀의 이야기를 뉴스에서 듣는다. 이것 역시 자신의 몸을 해하는 일이다. 하지만 자기 간의 일부를 떼내어 부모를 살리는 것이 더 큰 효도이다.

심청이는 죽어서도 아버지 걱정뿐이었다. 그 모습을 보고 감동을 받은 용왕님이 심청이를 다시 살려 주고 왕비로 만들었다. 그리고 결국에는 아버지를 만나 아버지의 눈을 뜨게 했다. 이것이야말로 심청이가 하늘도 감동시킨 효녀라는 사실을 알 수 있는 내용이다.

엄마의 논술 교실 ⑬

주장이 흔들리면 안 된다

이야기책을 읽고 주인공의 행동에 대해 생각해 보는 논술을 썼어. 옳고그름이 정해진 것은 아니지만, 주인공의 환경과 입장에서 생각해 보는 훈련도 했을 거야.
정우는 부모가 걱정하지 않게 하는 것이 효도라고 생각했어. 그래서 아버지의 마음을 아프게 한 심청이는 효녀가 아니라고 생각했지. 그런데 정우의 글을 잘 보면 마지막에 심청이가 효녀라는 건지 아니라는 건지 헷갈려.
이렇게 자신의 주장이 흔들리면 글 전체가 흔들리게 돼.
소현이처럼 자신의 주장을 끝까지 잊지 않으면서 글을 쓰도록 하자.

주장에는 일관성이 있어야 한다

① **무슨 글을 쓰고 있는지 확실히 알자**
논술은 주장하는 글이야. 주장하는 바가 흔들리면 글을 쓰는 의미가 없어져. 그러므로 어떻게든 주장하는 바가 흔들리지 않도록 써야 해.

② **무엇을 주장하는지 확실히 하자**
주장하는 바가 흔들리지 않으려면 글을 쓰기 전에 자신의 주장이 무엇인지 확실히 해 두어야 해. 그래야 찬성과 반대 사이에서 흔들리지 않고, 주제가 흔들리지 않아.

③ **섣불리 반론을 하지 말자**
내 주장을 강조하기 위해 반대 주장을 거론하는 경우가 있어. 때로는 이 방법이 큰 효과를 거둘 수도 있지. 하지만 반대 주장에 대해 어설프게 반론을 제기하면 내 주장까지 무너질 수 있단다. 그러니까 많이 훈련한 다음에 반론을 하도록 해.

일관성이 왜 흔들릴까

① 각 문단의 내용이 달라서야
주장이 흔들리지 않게 하려면 각 문단의 내용이 같아야 해. 정우의 글을 보면 '심청이는 분명 효녀이지만 목숨을 버리는 것은 효녀가 할 일은 아닌 것 같다'고 했어. 심청이가 효녀라는 얘기인지 아니라는 얘기인지 주장이 모호해지면 글쓴이의 주장이 힘을 잃게 된단다.

② 주장하는 바가 많아서야
이말 저말 좋은 말은 다 가져다 붙인다고 좋은 글이 되는 것은 아니야. 아무리 논제와 관련된 말이라고 해도 이렇게 주장하는 게 많으면 진짜 내가 하고 싶은 말이 무엇인지 알 수 없게 돼.

③ 덧붙이는 말이 많아서야
주장을 강조하기 위해 여러 가지 예를 들거나 인용을 하는 경우가 있어. 근거를 들기 위한 꼭 필요한 것 이외에 여러 가지 곁가지까지 쓰다 보면 자신이 무슨 글을 쓰는 건지 헷갈리기 쉬워.

 ## 일관성 있게 글쓰는 방법

① 개요대로 쓰고 있는가
논술 쓸 때 가장 먼저 할 것이 '개요 짜기'라로 했어. 글을 쓰면서 처음에 세웠던 개요대로 쓰고 있는지 확인해야 해.

② 글의 흐름이 어색하지 않은가
일관성이 떨어지는 글은 한데 모이지 않고 따로따로 떨어져 있는 듯한 느낌이 들어. 글이 논리적이지 않으면 읽기에도 어색하단다.

버틸 것인가, 열 것인가

오전에 외출했던 민준이 엄마는 아이들 수업 때문에 서둘러 집으로 돌아왔다. 아이들은 이미 집에 모여 있었다.

"아, 미안. 엄마가 좀 늦었지. 얼른 수업… 어머 웬일이니?"

민준이 엄마는 깜짝 놀랐다. 민준이와 정우가 책에 푹 빠져 있었기 때문이다.

"어이구, 우리 아들이 잔소리를 안 해도 책을 읽네. 기특해라."

"이제 쟤네들도 철이 들 나이가 되기는 했죠."

소현이가 마치 큰누나라도 되는 양 말했다.

"그러게 말이다. 민준이랑 정우는 무슨 책을 그렇게 재미있게 보고 있니?"

민준이 엄마가 다가갔다.

"엄마 어렸을 적 이야기를 다룬 책인데요, 여기에 재미있는 게 나와요."

민준이가 책의 삽화를 가리켰다.

"옛날에는 학교 화장실이 푸세식이었어요? 진짜 남자는 머리가 길면 경찰이 찾아오고요?"

"나는 그것보다 도시락 검사가 웃겨요. 어떻게 도시락을 매일 싸갈 수 있어요? 그리고 혼식을 안 해서 혼나다니, 크크크."

민준이와 정우는 책에서 눈도 떼지 않고 말했다.

"응, 다 진짜야. 혼식을 안 하면 정말 혼났어. 그 때는 쌀이 귀했으니까."

민준이 엄마가 말했다.

"요즘은 오히려 건강 때문에 혼식을 하는데. 그런데 쌀이 얼마나 귀했으면 아껴먹자고 혼식을 해요?"

소현이가 묻자 민준이 엄마가 고개를 끄덕였다.

"그러게 말이다. 흉년이 들면 쌀이 부족해서 외국에서 수입했거든. 쌀 수입에 외화를 쓰기는 너무 아까우니까 나라에서 혼분식을 장려했지."

"요즘은 쌀이 남아돈다고 하던데."

소현이가 말했다.

"어? 아니야. 지난 번에 뉴스 보니까 쌀을 많이 수입한다고 하던데?"

정우가 말하자 민준이 엄마가 대답했다.

"그런데 엄마 어렸을 때랑 지금이랑 쌀 수입하는 이유가 달라. 엄마 어렸을 때는 쌀이 부족해서였지만, 지금은 국가간 무역 관계 때문이야."

"쌀시장 개방, 뭐 그런 것 때문이죠? 그거 때문에 우리 큰아빠 걱정이 태산이에요. 농사 짓는 사람들은 이제 어떻게 먹고 사냐고 말이에요."

소현이가 말했다.

"하지만 약속한 거니까 어쩔 수 없지. 안 그러면 다른 시장을 개방해야 할 걸? 요즘은 나라마다 무역 시장을 개방하고 있잖아. 그런데 우리만 꽁꽁 막고 있으면 어떡해. 그러다가는 국제적인 외톨이가 된다고."

민준이가 소현이 의견에 반대했다.

"지난 번에 뉴스 보니까 우리나라에서 생산되는 쌀도 100% 소비가 안 된대. 안 그래도 쌀 소비가 줄어 농민들 걱정이 큰데, 가격이 싼 수입쌀까지 들어오면 우리 농민들은 더 큰 타격을 받을 거야. 그런데 선생님, 왜 갑자기 수입을 하겠다는 거예요?"

소현이가 묻자 민준이 엄마가 대답했다.

"사실 쌀 개방이 어제오늘 정해진 것은 아니야. 1994년 우루과이 라운드, 즉 UR 협상에서 정해진 거야. 우리나라는 쌀시장 개방을 일정 시기까지 유예받았어. 대신 쌀을 일정량 의무적으로 수입하기로 했지. 2004년에 재협상해서 유예 기간을 2014년까지 연장했단다. 그 유예 기간이 이번에 끝나게 된 거야."

"20년이나 되는 유예 기간 동안 쌀 개방에 대한 준비를 했어야지. 조금만 더 기다려 달라고 해서 기다려 줬는데 이제 와서 안 된다면 안 되지."

민준이 말에 소현이가 고개를 저었다.

"그래도 쌀시장 만큼은 끝까지 버텨야 해. 만약 쌀을 모두 수입에 의존하고 있는데 쌀 가격이 급등하거나 그러면 우리는 꼼짝없이 굶어죽게 돼."

"하지만 이제 와서 쌀 개방을 피할 수는 없잖아."

"그래도 버틸 수 있는 데까지는 버텨야지. 지금까지 잘 버텨왔잖아."

"그건 개발도상국일 때 얘기지. 지금 우리가 개발도상국이냐? 선진국이라고 너도나도 얘기하는 마당에 쌀 개방 얘기할 때만 개발도상국 하자고?"

소현이와 민준이의 의견이 팽팽한 가운데 민준이 엄마가 정우에게 물었다.

"정우 생각은 어때?"

갑작스러운 질문에 정우는 흠칫 놀랐다.

"네? 저, 저는 그냥… 뭐, 국산이나 수입산이나 맛만 있으면……."

"뭐?"

"역시 먹보 정우네, 크크크."

정우의 엉뚱한 대답에 모두들 웃고 말았다.

쌀시장 개방에 대해 상대방의 의견에 반론하여 쓰시오.

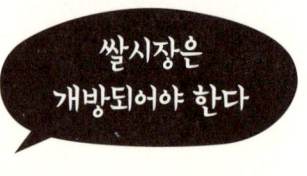

민준의 논술

쌀시장 개방을 두고 논란이 뜨겁다. 쌀을 주식으로 하는 우리나라에서 쌀시장 개방은 큰일이 아닐 수 없다. 하지만 지금은 고립된 국가로 살아갈 수 없는 글로벌 시대이다. 쌀시장 개방은 어쩔 수 없는 것이다.

쌀시장은 1994년 우루과이 라운드 협상의 결과로, 10년씩 두 번의 유예 기간을 거친 후 2015년에 개방하게 되었다. 정부에서는 더 이상 의무 수입량을 늘리는 것은 국가 재정에 큰 부담이 된다고 한다. 쌀시장이 개방되어 수입쌀이 들어온다면 아주 싼 가격에 공급될 것이다. 그러니 국산도 가격 경쟁에 뛰어들고 품질을 개선해야 한다. '쌀은 누구나 사 먹으니까' 하는 안일한 마음을 더 이상 가져서는 안 된다.

쌀시장 개방을 앞두고 농민들은 정부만 붙들고 있다. 우리는 개발도상국이라면서 시간을 더 벌어 달라고 한다. 평소에는 선진국이라고 하다가 이러한 문제만 생기면 개발도상국이라고 하는 것은 떼 쓰는 것으로밖에 안 보인다.

지금은 한 나라만의 이익을 내세워서는 안 된다. 쌀시장 역시 그렇다. 쌀시장을 개방하면 농업 기반 자체가 흔들릴 것이라며 불안해하지 말고, 그에 따른 대처를 취하는 것이 더욱 시급하다고 생각한다.

> 쌀시장 만큼은 끝까지 지켜야 한다

소현의 논술

　쌀시장 개방 문제 때문에 농민들의 시위가 점점 과격해지고 있다. 쌀을 뿌리고 삭발을 하는 등 강력하게 저항하고 있다. 그도 그럴 것이 만약 쌀시장이 개방되면 농민들은 큰 타격을 입을 것이 뻔하다.

　물론 국제 사회에서 혼자만 버틴다는 것은 어렵다. 하지만 400%가 넘는 관세를 매긴다 해도 자유무역협정(FTA) 등으로 관세율이 낮아지거나 관세가 폐지될 가능성이 있다. 미국, 중국 등 여러 나라와 자유무역협정을 맺은 상태여서 쌀 관세율 인하를 요구받을 수 있다는 점을 생각해야 한다.

　또한 쌀시장이 개방되면 수입쌀의 가격은 국산보다 훨씬 더 쌀 것이다. 그러면 국내산 쌀의 소비량이 더욱 떨어져 농민들은 더 이상 농사를 지을 수 없게 되고, 농업의 기반이 무너져 버릴 것이다. 그럴 경우 우리에게 값싸게 쌀을 제공하던 외국에서 가격을 올릴 것이고 우리는 결국 비싼 쌀을 수입할 수밖에 없다.

　문제는 정부가 아직도 현실적인 쌀 가격을 책정하지 못하고 있다는 점이다. 정부는 더 이상 버틸 수 없다고 포기할 것이 아니라, 물가 인상분에 맞춘 쌀 가격을 책정해야 한다. 또한 생산지에서 소비할 수 있는 지역 소비를 정착시킬 수 있는 방법 등 쌀시장 개방에 어떻게 대응할 것인지 구체적인 대안을 먼저 내놓아야 할 것이다.

엄마의 논술 교실 14

반론하기

논술 문제 유형은 아주 다양해. 주로 찬성, 반대를 묻는 경우가 많지만 때로는 지문을 제시할 때도 있고 이번처럼 반론을 하라는 경우도 있어.
민준이는 반론 부분이 별로 없어.
쌀시장 개방에 대한 자신의 생각을 주로 썼구나.
그에 비해 소현이는 자기 의견의 허점을 슬쩍 이야기하는 듯하다가 반론으로 자기 의견을 더욱 확고하게 하고 있어.
이렇게 논술에서 반론과 재반론을 하면 균형 감각이 있다는 것을 보여 줄 수 있어. 일방적으로 내 의견만 옳고 상대방 의견은 틀리다는 주장은 그리 논리적이지 않아. 자칫 떼를 쓰는 것처럼 비칠 수도 있단다.

반론이란 무엇일까

① 반론을 제기하다
반론이란 상대방의 의견을, 근거의 오류나 약점을 이용해서 공격하는 것을 말해. 보통 '반론을 제기하다' '반론을 펴다'라고 말하지.

② 왜 반론을 할까
반론을 하는 이유는 자신과 다른 의견의 오류를 파악하고 비판하는 비판적인 사고력을 키우기 위해서야. 논술은 자기 주장만 내세우는 것이 아니라 상대방도 설득시킬 수 있어야 해.

③ 반론은 무조건 비판이다?
반론이 다른 의견을 비판하는 것이라고 해서 무조건 부정적인 면만 부각시키는 것은 아니란다. 그보다는 반론을 통해 나의 주장을 더욱 설득력있게 하는 것에 목적이 있어.

반론 제기는 어떻게 할까

① 일단은 나의 약점을 이야기하자
내 주장의 허점을 찾아내어 적는 거야. 그리고 그에 대한 비판을 하면서 내 의견이 더 낫다는 식으로 글을 이끌어가는 거야. 이것을 '반론-재반론 구조'라고 해.

② 지문이 주어질 때도 있어
소현이와 민준이가 서로 반대 의견을 내세워서 반론에 대한 글을 썼어. 상대방 주장에 대해 반박하라고 했지만, 때로는 어떤 기사나 다른 사람의 주장글 같은 제시문을 주고 자신의 생각을 논술하라는 문제가 출제되곤 해. 이 때 제시문 속의 오류를 찾아서 반박하기도 해. 물론 제시문을 정확하게 읽고 논리적인 근거를 들어 오류를 찾아야겠지.

③ 말이 안 된다고 하지 말자
논술에서는 말이 안 된다고 하는 것이 아니라 직접적으로 반론해야 해. 그러려면 배경 지식이 필요하단다. 배경 지식이 없으면 어떤 오류도, 논리적으로 부족한 부분도 찾아낼 수가 없어.

④ 자신의 주장으로 반론을 예상해 본다
내 주장의 한계점을 보고 반론을 예상한다면 내 주장을 좀더 보완할 수 있어. 어떤 반론이 나올지 미리 예상하고 그것에 대한 해결책까지 서술한다면 좀더 창의적인 글이 될 거야.

반론을 위해 무엇이 필요할까

① 배경 지식
앞에서도 말했듯이 반론을 하려면 배경 지식이 풍부해야 해. 상대방의 의견을 멋지게 공격하려면 뒷받침 지식이 있어야 논리적으로 반박할 수 있단다.

② 비판력과 토론 능력
요즘은 엄청 많은 정보들이 쏟아져나오고 있어. 그 가운데 믿을 수 있는 정보를 채택하는 것도 능력이란다. 논술 문제 중 제시문이 주어진 경우, 제시문의 주제에 대한 근거를 들어 반박할 수 있는 능력이 있어야 해. 그런 능력을 키우기 위해서는 토론을 해보는 것이 좋아. 또는 논술을 쓸 때 토론을 한다고 생각하면서 쓰는 것도 도움이 될 거야.

딸기에 물고기 사료를?

"우와~ 딸기가 엄청 크다!"

논술 수업 전에 간식을 먹던 아이들이 탄성을 질렀다.

"이건 내 주먹만해."

"이건 내 얼굴만하다."

소현이 말에 정우가 웃음을 터뜨렸다.

"푸하하하, 딸기가 수박이냐?"

"박정우~."

소현이가 눈을 흘겼다.

"이건 진짜 자두만하다. 맛있어, 앙!"

정우가 진짜 커다란 딸기를 한입에 다 넣었다.

"근데 소현이 넌 왜 안 먹냐? 딸기 안 좋아해?"

민준이가 묻자 소현이가 조금 껄끄러운 듯이 말했다.

"아니, 아주 좋아했지. 그런데 요즘은 좀 먹기 그래."

"그러면 네 몫까지 내가 다 먹을게~."

그러자 소현이가 한심하다는 듯이 말했다.

"어휴, 저 욕심쟁이. 그런데 너희들 그거 알아? 딸기에 물고기 유전자를 결합한다는 거?"

소현이 말에 민준이와 정우는 두 눈을 동그랗게 떴다.

"미쳤냐? 딸기에다가 왜 물고기 유전자를 결합시켜?"

"킁킁, 비린내도 안 나는데?"

그 때 민준이 엄마가 방으로 들어왔다.

"다 먹었니? 아니, 민준이는 왜 딸기 냄새를 맡고 있어?"

"소현이가 말도 안 되는 소리를 하잖아요."

"맞아요, 딸기에 물고기가 들어 있대요."

민준이와 정우 말에 소현이가 발끈해서 말했다.

"어린이신문에서 봤어. 딸기가 추위에 강하도록 심해어의 유전자를 딸기에 이식했다고."

"응, 엄마도 봤어. 그래서 딸기 농가에서 연료비가 많이 줄었다고 하더라."

엄마 말이 끝나자마자 민준이는 슬며시 포크를 내려놓았다.

"왠지 비린 것 같아, 우웩~!"

"사내가 비위가 그렇게 약해서 쓰겠냐? 뭐 어때, 물고기도 먹는 거잖아."

정우는 아랑곳하지 않았다.

"하지만 물고기는 동물이고 딸기는 식물이잖아. 같은 먹을 것이라 해도 좀 찜찜하지 않아?"

소현이 말에 정우는 고개를 갸웃거렸다.

"생선 조림에 양파랑 무 넣는 거랑 뭐가 달라?"

"어이구, 졌다, 졌어!"

소현이가 두 손을 들어 보였다. 그 모습을 보고 웃던 민준이 엄마가 조금은 심각한 표정으로 말했다.

"하긴, 그래서 말들이 많기는 해. 물고기 유전자를 집어넣은 딸기를 먹으면 우리 몸 속에서 어떤 일이 생길지 아직 아무도 모르거든."

"그러면 혹시 딸기가 이렇게 큰 것도 유전자 뭐 그런 것 때문이에요?"

민준이가 묻자 민준이 엄마가 말했다.

"응, 예전보다 딸기가 크게 된 것도 유전자 조작으로 개량했기 때문이래. 그리고 성장 촉진 약물로 빨리 키워서 빨리 생산한다고 하더라. 그래야 더 많은 이익을 내니까."

"그래야 많이 먹고."

정우가 쉬지 않고 먹으면서 말했다.

"어휴, 저 먹보. 야, 생각을 해 봐. 식물은 일정한 시간을 두고 자라야 하는데, 이건 완전히 공장에서 딸기를 만들어내는 거야. 겉모습만 딸기지 속은 어떤지 알 수가 없다고. 그리고 선생님 말씀대로 그렇게 생각없이 먹어대다가는 어떤 일이 생길지 아무도 몰라."

소현이 말에 정우는 들은 척도 안 했다. 민준이 엄마에게 물었다.

"이해가 안 돼요. 유전자 변형 식품이 몸에 안 좋다면서 왜 팔아요?"

"유전자를 인위적으로 결합시켜 만든 농작물이나 그것을 재료로 만든 식품을 GMO라고 해. 마트에서 파는 식품에 보면 이 마크가 있어. 소비자에게 유전자 변형 식품이라는 것을 알려 주는 거지."

"그러니까 소비자에게 먹으려면 먹고 말려면 마라는 거네요?"

민준이가 말했다.

"봐, 민준아. 만약 안전하다면 왜 그런 표시를 해 두겠어? 소비자한테 책임을 전가하려는 거라고."

소현이가 민준이에게 말했다. 정우도 지지 않고 민준이에게 말했다.

"아니지. 봐, 민준아. 친환경 식품이나 유기농 식품도 표시하잖아. 똑같아. 못 먹는 거라서 붙인 게 아니라니까."

"아이고, 소현이랑 정우 때문에 민준이가 정신없어 보이네. 오늘은 유전자 조작 식품에 대한 논술을 쓰면 되겠네. 다들 준비됐지?"

민준이 엄마의 말이 채 끝나기도 전에 정우와 소현이는 글을 써나갔다.

유전자 변형 식품에 대한 자신의 생각을 쓰시오.

> 유전자 변형 식품은 미래 식량을 위해서도 필요하다

정우의 논술

김순권 박사가 '옥수수 추장'이라고 불리는 이유는, 생산량이 세 배나 되는 옥수수를 재배해 아프리카의 식량난 해결에 기여했기 때문이다. 비록 김순권 박사의 슈퍼 옥수수는 유전자 변형 옥수수는 아니지만, 아프리카 기아 해결에 큰 공헌을 했다.

GMO, 즉 유전자 변형 식품에 대한 기대가 크다. 사람이나 동물도 환경에 따라 모습이 변한다고 한다. 요즘 아이들의 속눈썹이 길어진 것도 공해 때문이라고 한다. 진화 과정을 유전 공학을 통해 앞당긴다면 여러 가지로 이익이다.

유전자 변형을 통해 병충해에도 강하고 생산량은 몇 배나 되는 새로운 품종을 개발할 수 있다. 그런데 미국과 유럽 연합은 마찰이 심하다. 미국은 유전자 변형 식품에 대해 관대하지만 유럽은 그렇지 않고 심사가 더욱 까다롭다고 한다.

유전자 변형 식품에 대한 안전성이 아직은 확실하지 않다. 유전자 변형 식품을 먹으면 여러 가지 질병에 걸릴 수도 있다고 걱정하지만, 세계의 기아 문제를 해결하기 위해 GMO는 꼭 필요하다. 유전자 변형 식품이 질병이나 알레르기를 일으킨다는 뚜렷한 증거도 없다.

> 유전자 변형 식품은 안전성이 확보되어야 한다

소현의 논술

유엔식량농업기구의 발표에 의하면, 2012~2014년 전 세계 기아 인구가 8억530만 명이라고 한다. 지금도 세계 곳곳에서 5초에 한 명씩 굶주린 아이들이 죽고 있다고 하니 정말 안타깝다. 그래서 기아를 해결하기 위해 많은 사람들이 연구를 하고 있으며, 그 중 하나가 유전자 변형 식품이다.

그런데 기아 문제를 해결하는 것도 좋지만 유전자 변형 식품, 즉 GMO에 대한 안전성 문제도 간과할 수 없다. GMO 이전에도 환경에 잘 적응하고 생산량을 늘릴 수 있는 품종을 개량해 왔다. 자연적인 품종 개량을 하려면 최소 5년에서 10년의 기간이 필요하다. 그러나 GMO는 다르다. 인위적으로 유전자를 조작한 것이기 때문에 장기간 섭취했을 때 인간에게 어떤 일이 일어날지 검증된 바가 없다.

또한 GMO 식품은 생태계에도 영향을 미칠 수 있다. 국립환경과학원이 2013년에 발표한 바에 의하면, 수입 유전자 조작 작물을 하역하는 항만과 가공 공장 주변에서 수입 유전자 조작 작물이 자라는 곳이 늘고 있다고 한다. 이 작물들은 토양 미생물을 변화시킬 수 있고, 해충 저항성 유전자로 인해 절지동물이 죽을 수도 있으며, 이로 인해 먹이사슬이 파괴될 수 있다고 여러 차례 보고되고 있다.

'급하게 먹는 밥에 체한다'는 말이 있다. 세계 기아 문제를 해결하는 것도 중요하지만 그보다는 안전성을 확인하는 것이 우선이라고 생각한다.

엄마의 논술 교실 ⑮ 일관성 있는 문단 쓰기

낱말이 모여 문장을 만들고, 문장이 모여 문단이 되는 거야.
그리고 그 문단이 모이면 한 편의 글이 되는 것이란다.
잘 된 글이 되려면 문단끼리 잘 이어져야 하는 것은 물론,
각 문단 안의 문장에 어색함이 없어야 해.
그러므로 문단을 잘 쓰려면 문장부터 제대로 써야 해.
정우의 글을 보면 한 문단에 이 이야기, 저 이야기가 마구 섞여 있어.
중심 문장도 없고 당연히 뒷받침 문장도 없고 말이야.
그에 비해 소현이는 한 문단에 하나의 주제로 이야기를 잘 이끌어갔어.
어떻게 하면 좋은 문단을 쓸 수 있는지 살펴보자.

문단에 앞서 제대로 된 문장 쓰기

① 우선 문장을 정확하게 쓰자

문단을 이루는 것이 문장이야. 문장은 정확해야 해. 그래야 정확한 문단도 완성되는 법이야. 정확한 문장을 쓰는 비결은 문장의 기본 성분인 주어와 서술어가 잘 어울려야 하는 거야.

② 분명하게 쓰자

내용이 분명하지 않은 것도 좋은 문장이라고 할 수 없어. 예를 들면, '내가 좋아하는 이모의 원피스 색깔은 초록색이다'에서 내가 좋아하는 것이 이모인지, 원피스인지 불분명해. 이런 문장이 있으면 문단 전체가 애매해질 수 있어.

③ 짧게 쓰자

짧을수록 좋은 문장이야. 문장을 짧게 쓰는 것은 간단해. 하나의 문장에 하나의 생각만 담으려고 하면 돼. 문장을 길게 쓰다 보면 같은 말을 반복하거나 하나마나한 말, 그리고 지나치게 꾸미거나 상투적인 표현을 쓰기 쉽거든.

문단의 종류

① 형식 문단
형식 문단은 보기에 하나의 덩어리를 말해. 형식 문단의 경우는 내용과 상관없이 구분되는 경우가 많아.

② 내용 문단
내용 문단은 내용으로 구분되는 문단을 말해. 내용 문단은 형식 문단이 하나일 수도 있고 여러 개일 수도 있어.

제대로 된 문단 쓰기

① 문단에는 중심 문장이 있어야 해
문단을 나누는 이유는 생각을 가장 효과적이고 정확하게 전달할 수 있기 때문이야. 그렇기 때문에 문단에는 하나의 중심 문장이 있어.

② 뒷받침 문장도 있어야 해
뒷받침 문장은 중심 문장의 내용을 설명해 주는 문장이야. 그러니까 중심 문장보다는 구체적이어야 해. 보통 뒷받침 문장에서는 사건과 일화를 담기도 해.

③ 중심 문장이라고 더 중요한 것도, 뒷받침 문장이라고 덜 중요한 것도 아니야
중심 문장이 좋아도 뒷받침 문장이 제 구실을 못하면 주제를 살릴 수 없어. 읽는 사람을 설득할 수 있는 논리적인 문장이 필요해. 만약 주제에서 벗어나는 문장이 있다면 과감히 버려야 한단다. 문장 하나 때문에 주장이 흔들리면 안 되니까 말이야.

④ 각 문단마다 통일성이 있어야 해
문단마다 주장하는 내용이 다르겠지만, 그 중심 생각은 같아야 해. 물론 문장들이 논리적이어야 하고 하나의 주제로 통일되어야 하지. 그래야 문단과 문단이 잘 연결될 수 있어. 글을 다 쓰고 나서 다시 살펴볼 때 하나의 문단으로는 완벽해도 전체적으로 조화롭지 않다면 과감히 삭제하는 용기도 필요하단다.

엄마, 융합논술 어떻게 써요?

초판 1쇄 인쇄 | 2015년 5월 20일
초판 1쇄 발행 | 2015년 5월 25일

지은이 | 김은서

펴낸이 | 남주현
펴낸곳 | 채운북스(자매사 채운어린이)
주소 | 서울시 마포구 서강로9길 48 3층(우 121-880)
전화 | 02-3141-4711
팩스 | 02-3143-4711
전자우편 | chaeun1999@nate.com
종이 | 세종페이퍼
인쇄 | (주)꽃피는청춘

Copyright ⓒ 채운북스
이 책은 저작권법에 따라 보호받는 저작물입니다.
저작권자와 도서출판 채운북스의 허락없이
내용의 전부 또는 일부의 인용이나 발췌를 금합니다.

ISBN 978-89-94608-54-9 73590
＊잘못된 책은 구입하신 서점에서 바꾸어 드립니다.